브리태니커
기발하고 신박한 질문들

호기심 백과

신비로운 동물과 인체

기탄출판

차 례

작은 동물과 벌레들

징그럽고 신기한 작은 동물과 벌레에 관한 모든 궁금증!

4

개미는 왜 무리 지어 살까? • 6
거미는 왜 거미줄을 칠까? • 8
파리는 왜 똥을 좋아할까? • 10
지네는 왜 이렇게 다리가 많을까? • 12
벌은 왜 꿀을 만들까? • 14
무당벌레는 왜 점이 있을까? • 16
애벌레는 왜 번데기가 될까? • 18
지렁이는 왜 땅속에서 살까? • 20
민달팽이는 왜 끈적끈적할까? • 22
달팽이는 왜 등껍데기가 있을까? • 24
모기는 왜 피를 빨까? • 26
반딧불이는 왜 빛을 낼까? • 28
사마귀는 왜 눈에 잘 띄지 않을까? • 30
노린재는 왜 고약한 냄새를 풍길까? • 32
우아! 이게 뭐지? • 34

반려동물

우리와 함께 생활하는 반려동물에 관한 모든 궁금증!

36

개는 왜 서로 엉덩이 냄새를 맡을까? • 38
고양이는 왜 가르랑거릴까? • 40
개와 고양이는 왜 단단한 발톱을 가지고 있을까? • 42
토끼는 왜 귀가 길까? • 44
거북이는 왜 느릿느릿 걸을까? • 46
햄스터는 왜 밤에 시끄러운 소리를 낼까? • 48
개는 왜 종류가 많을까? • 50
물고기는 왜 아가미가 있을까? • 52
동물은 왜 우리에게 말을 할 수 없을까? • 54
동물은 왜 수염이 있을까? • 56
고양이는 왜 털을 핥을까? • 58
생쥐는 왜 찍찍거릴까? • 60
모래쥐는 왜 골판지를 갉을까? • 62
말은 왜 신발이 필요할까? • 64
우아! 이게 뭐지? • 66

야생 동물

지구 곳곳에 살고 있는 멋진
야생 동물에 관한 모든 궁금증!

68

개구리는 왜 개굴개굴하고 울까? • 70
상어는 왜 이빨이 많을까? • 72
악어 피부는 왜 울퉁불퉁할까? • 74
문어 다리에는 왜 빨판이 있을까? • 76
코끼리는 왜 코가 길까? • 78
캥거루는 왜 배주머니가 있을까? • 80
새는 왜 둥지를 틀까? • 82
고릴라는 왜 가슴을 쿵쿵 두드릴까? • 84
뱀은 왜 혀를 날름거릴까? • 86
플라밍고는 왜 분홍색이나 주황색일까? • 88
다람쥐는 왜 견과를 묻어 놓을까? • 90
부엉이는 왜 눈이 클까? • 92
기린은 왜 목이 길까? • 94
펭귄은 왜 날지 못할까? • 96
우아! 이게 뭐지? • 98

우리 몸

알면 알수록 신기하고 재미있는
우리 몸에 관한 모든 궁금증!

100

하품은 왜 하는 걸까? • 102
입안에는 왜 침이 고일까? • 104
이는 왜 흔들릴까? • 106
어떤 사람은 왜 안경을 써야 할까? • 108
눈물은 왜 나는 걸까? • 110
꿈은 왜 꾸는 걸까? • 112
속눈썹은 왜 있는 걸까? • 114
사람의 피부색은 왜 서로 다를까? • 116
이는 왜 닦아야 할까? • 118
음악을 들으면 왜 춤을 추고 싶어질까? • 120
배에서 왜 꾸르륵 소리가 날까? • 122
딸꾹질은 왜 하는 걸까? • 124
어떤 사람은 왜 곱슬머리일까? • 126
손톱과 발톱은 왜 있는 걸까? • 128
우아! 이게 뭐지? • 130

낱말 풀이 • 132   찾아보기 • 134   이미지 출처 • 135   참고 자료 • 136   만든 사람들 • 138
'우아! 이게 뭐지?' 정답 • 139

작은 동물과 벌레들

● ● ● ● ● ● ● ● ● ● ●

민달팽이는 왜 끈적끈적할까?
징그럽고 신기한 작은 동물과
벌레에 관한 모든 궁금증!

개미는 왜 무리 지어 살까?

개미는 서로서로 오래도록 잘 살기 위해 무리 지어 생활한답니다. 이렇게 무리 지어 생활하는 개미 집단을 '군체(같은 종류의 동물들이 모여 일을 나눠 하며 살아가는 집단)'라고 해요. 이곳에서는 암개미가 모든 일을 도맡아 해요. 개미마다 각자 맡은 역할이 다르지요. 알을 낳는 여왕개미가 평생 동안 낳는 알의 개수는 수백만 개가 넘어요. 암컷으로만 이루어진 일개미는 먹이를 찾거나, 청소를 하거나, 갓 태어난 새끼 개미를 돌보는 역할을 해요. 개미 무리가 커질수록 일개미는 개미둥지에 더 많은 방을 만들어요. 새끼 개미 보육실, 먹이 저장실, 그리고 휴게실도 있답니다.

새끼 개미를 돌보는 보육실

불개미는 홍수를 피하기 위해 서로 몸을 엮어 구명보트를 만들어요.

달콤한 낮잠을 즐기는 휴게실

거미는 왜 거미줄을 칠까?

거미는 맛있는 식사를 마련하기 위해 거미줄을 친답니다. 오동통하게 살이 오른 곤충들이 많이 날아다니는 곳에 거미줄을 쳐 두었다가, 무언가 거미줄에 걸리면 곧바로 나타나 '톡' 하고 특별한 독을 쏘아요. 그러면 그 곤충은 온몸이 마비되어 꼼짝달싹할 수 없게 되지요. 거미는 이렇게 잡은 먹이를 거미줄로 꽁꽁 싸매어 두었다가 나중에 맛나게 먹어 치워요.

놀라운 사실

어떤 거미는 거미줄을 이용해서 하늘을 날기도 해요. 이런 기술을 '유사 비행'이라고 해요. 거미는 우선 허공에 대고 거미줄을 발사한 다음, 그 거미줄에 매달려 바람을 타고 날아간대요.

거미의 항문 근처에는 '방적 돌기'라는 구멍이 있어요. 거미는 이곳에서 뒷다리를 이용하여 거미줄을 뽑아낸답니다.

파리는 왜 똥을 좋아할까?

집파리가 똥을 좋아하는 이유는 간단해요. 파리에게는 똥이 맛있기 때문이랍니다. 다리로 맛을 느끼는 파리는 냄새나는 똥 위를 이리저리 기어 다니며 특수한 소화액을 뱉어 내는데, 그 물질이 똥을 주스처럼 만들어 준대요. 그러고는 빨대처럼 생긴 입으로 똥 주스를 쪽쪽 빨아 먹지요. 파리들은 알도 똥 위에 낳아요. 그래야 새끼 파리가 자라는 데 필요한 영양분을 쉽게 얻을 수 있으니까요.

놀라운 사실

집파리는 똥을 먹는 것도 좋아하지만, 똥을 누는 것도 좋아해요! 파리는 4~5분에 한 번씩 똥을 눈답니다.

새끼 파리는 '구더기'라고 해요.
구더기가 파리로 자라려면 1~2주 정도 걸린답니다.

후루룩 후루룩

집파리는 거의 모든 방향을 볼 수 있는 커다란 눈을 가지고 있어 공격을 받으면 잽싸게 피할 수 있어요.

놀라운 사실

지네는 공격을 받으면 적에게 다리 몇 개를 내주고 도망가기도 한대요. 그렇지만 이렇게 잘린 다리는 나중에 다시 자라나요.

왕지네는 포크 크기만큼 자라기도 해요.

지네는 왜 이렇게 다리가 많을까?

지네는 많은 다리를 사용해서 무척 빠르게 움직일 수 있어요. 그래서 지네는 훌륭한 사냥꾼이기도 하답니다. 일단 먹이를 잡으면 엄청나게 유연한 다리 끝으로 먹이를 올가미처럼 꼼짝 못 하게 붙잡아요. 그러고는 먹이 안으로 독을 넣은 후 한입 맛있게 베어 문답니다. 이 독은 어디서 나오는 걸까요? 사실 지네의 맨 앞다리는 독을 뿜어내는 무시무시한 송곳니랍니다.

지네를 꼭 닮은 이 벌레는 '그리마'예요. 영어로는 '하우스 센티피드(House Centipede)'라고 하는데, '집에 사는 지네'라는 뜻이지요. 움직임이 잽싼 그리마를 자주 볼 수 있는 곳은 어디일까요? 맞았어요! 바로 집이랍니다.

벌은 왜 꿀을 만들까?

벌은 여름 내내 부지런히 꽃을 찾아다니며 달콤한 꽃꿀을 모아 벌집에 저장해요. 겨울이 되면 액체였던 꽃꿀이 굳어져 먹음직스러운 꿀로 변한답니다. 날씨가 추워지면 꿀벌은 옹기종기 모여 모아 놓은 꿀을 먹으며 추위를 견뎌요. 배고픈 벌에게 겨울철에는 이만한 음식이 없지요!

놀라운 사실

고대 이집트 왕 투탕카멘이 죽었을 때 무덤에 꿀 항아리를 함께 묻었대요. 투탕카멘의 무덤은 3,000년이나 지나서 발견되었는데, 그 꿀은 여전히 먹을 수 있을 만큼 상태가 좋았다지 뭐예요.

꿀벌이 항아리 하나를 가득 채우기 위해서는 꽃 200만 송이를 찾아다녀야 한대요.

꿀벌들은 겨울을 나기 위해 필요한 양보다 훨씬 많은 꿀을 만들어 놓아요. 그래서 양봉업자가 꿀을 수확해 가더라도 꿀이 부족할까 걱정하지 않아도 된답니다.

무당벌레의 딱지날개 밑에는 2개의 속날개가 들어 있어요. 무당벌레가 하늘을 날 준비를 마치면 딱지날개가 열리면서 밑에 있던 속날개도 함께 펼쳐진답니다.

놀라운 사실

적이 공격해 오면 무당벌레는 뒤로 벌러덩 누워 죽은 척한답니다. 그래도 적이 물러서지 않으면 다리에서 고약한 냄새가 나는 노란 피를 뿜어내요.

무당벌레는 왜 점이 있을까?

동물의 세계에서 밝고 화려한 색깔은 독을 의미하기도 해요. 그래서 무당벌레의 빨간 몸과 점은 가까이 오지 말라는 적을 향한 경고이기도 한답니다. 새끼 무당벌레도 점무늬를 가지고 있어요. 하지만 점무늬를 빼면 엄마, 아빠와 모습이 완전히 딴판이에요. 새끼 무당벌레의 몸은 길고 삐죽삐죽하고 시커멓거든요.

알에서 갓 나온 새끼 무당벌레는 길고 삐죽삐죽한 모습이에요.

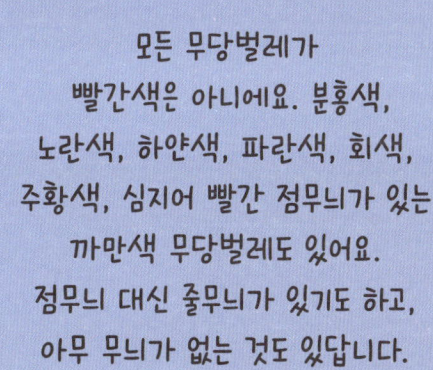

모든 무당벌레가 빨간색은 아니에요. 분홍색, 노란색, 하얀색, 파란색, 회색, 주황색, 심지어 빨간 점무늬가 있는 까만색 무당벌레도 있어요. 점무늬 대신 줄무늬가 있기도 하고, 아무 무늬가 없는 것도 있답니다.

애벌레는 왜 번데기가 될까?

알에서 갓 나온 나비는 애벌레의 모습을 하고 있어요.
애벌레는 대부분의 시간을 먹고 자라는 데 쓰지요.
그러다 어느 날, 애벌레는 먹는 것을 멈추고 안전한 곳을
찾아 몸을 거꾸로 매달아 반들반들한 번데기로 변해요.
그 안에서 애벌레는 나비로 변신한답니다.

애벌레는 나비가 될
준비를 마치면 통통한 몸을
나뭇가지나 잎사귀
아래에 매달아요.

애벌레의 머리에서부터
줄무늬 피부가 갈라져
허물이 벗겨지고,
그 밑으로 반들반들한
번데기가 드러나요.

허물이 땅으로 떨어지고 나면,
말랑말랑했던 번데기가
단단해지면서 애벌레의
몸을 보호해 주어요.

알수록 궁금해!

과학자들은 비닐봉지를 즐겨 먹는 애벌레를 발견했대요. 그렇지만 애벌레가 비닐을 대체 어떻게 소화해 낼 수 있는지는 모른다고 해요.

나비는 번데기에서 빠져나와 날개를 펄럭이며 날아가요.

일주일 정도 지나면 끈적해졌던 애벌레 액체가 나비로 변해요.

단단한 번데기 안에서 애벌레의 몸은 끈적끈적하게 녹아요.

펄럭 펄럭

알수록 궁금해!

지렁이는 빗방울이 땅에 떨어지는 진동을 느끼면 땅 위로 올라와요. 그런데 그 이유는 아무도 몰라요. 어떤 과학자는 지렁이가 젖은 땅에서 더 쉽게 움직일 수 있기 때문이라고 해요.

지렁이는 정원을 가꿀 때 큰 도움을 주어요.
식물이 자라기 좋도록 땅을 헤집어 줄 뿐 아니라,
지렁이 똥은 식물에게 최고의 영양분이랍니다.

지렁이는 왜 땅속에서 살까?

지렁이는 수분이 있어야 살아갈 수 있어요. 그래서 뜨거운 태양 아래에서 몸이 말라 쪼글쪼글해지지 않도록 대부분의 시간을 땅속에서 지낸답니다. 지렁이에게 땅속은 천국이나 마찬가지예요. 어둡고, 축축하고, 맛있는 흙이 가득하지요. 지렁이는 땅속에서 살기에 완벽한 몸을 가지고 있어요. 몸 전체를 뒤덮은 짧고 뻣뻣한 털 덕분에 지렁이는 땅속을 마음껏 헤집고 돌아다닐 수 있는 거예요.

배고픈 두더지가 주변에 있으면 지렁이는 얼른 비상구를 만들어 도망가요.

민달팽이는 왜 끈적끈적할까?

민달팽이가 거친 땅 위를 부드럽게 미끄러지려면 끈적끈적한 점액이 필요해요. 이 끈끈하고 징그러운 점액 덕분에 민달팽이는 모든 물체 위를 어떤 방향에서든지 기어서 넘어갈 수 있지요. 심지어는 거꾸로도 말이에요! 민달팽이가 할 수 없는 유일한 동작은 뒤로 움직이는 거예요. 그 외에도 점액 덕분에 민달팽이는 뜨거운 태양 아래서도 말라 죽지 않고, 적이 끔찍하게 싫어하는 맛을 낼 수도 있답니다.

알수록 궁금해!

호주에 사는 '붉은 삼각 민달팽이'는 위협을 느끼면 아주아주 끈적한 점액을 내뿜어 적을 옴짝달싹 못 하게 만든대요. 그렇지만 어떻게 자기 몸은 점액에 달라붙지 않고 괜찮은지 과학자들도 모른다고 하네요.

땅으로 빠르게 내려오기 위해 민달팽이는 때때로 자신의 끈적끈적한 점액을 길게 늘어뜨려 번지점프를 하기도 한답니다.

잘 알고 있듯이, 민달팽이는 다리가 없어요. 그렇지만 발이 있다는 건 알고 있나요? 민달팽이 배가 바로 발 대신이랍니다.

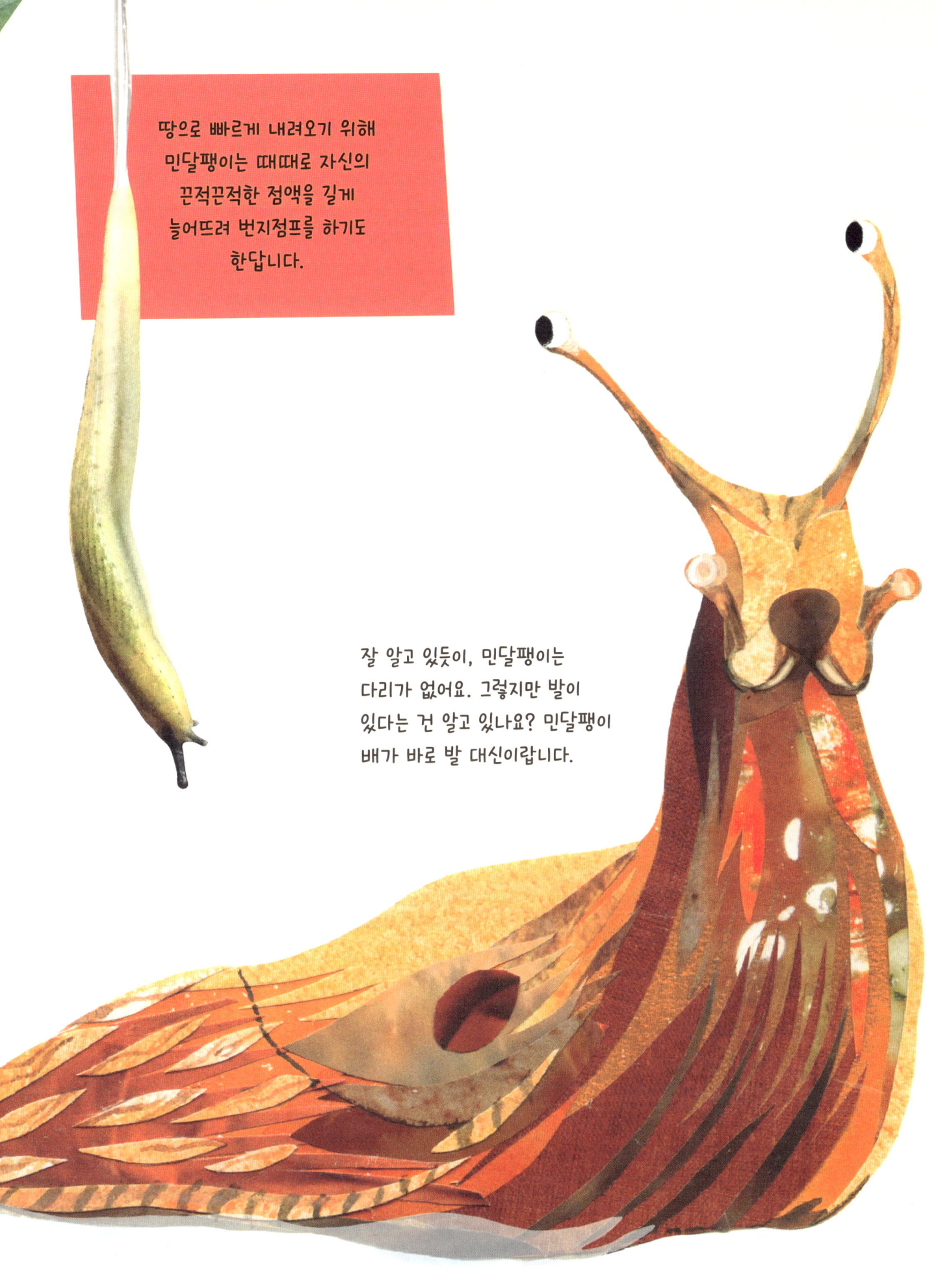

놀라운 사실

어떤 달팽이는 단단한 등껍데기를 휘둘러 적들을 물리치기도 한대요!

달팽이의 등껍데기는 내장을 보호해 주는 역할도 해요.

달팽이가 자랄수록 회오리 모양의 등껍데기도 점점 커져요.

달팽이는 왜 등껍데기가 있을까?

달팽이가 움직이는 속도는 정말 정말 느려서 쫓아오는 적을 절대 따돌릴 수 없어요. 하지만 다행히 달팽이는 누구보다 빠르게 등껍데기 속으로 사라질 수 있지요! 달팽이의 단단한 등껍데기는 갑옷처럼 적으로부터 달팽이를 지켜 주어요. 또 얼어 죽거나 말라 죽지 않도록 보호하고요. 어떤 달팽이는 커다란 점액 덩어리로 등껍데기 입구를 막고 겨울잠을 자기도 한답니다.

개미처럼 작은 곤충이 달팽이의 보금자리를 넘보면 달팽이는 얼른 거품 덩어리를 뿜어내서 더 이상 다가오지 못하게 막는답니다.

모기는 왜 피를 빨까?

모기 중 알을 밴 암컷 모기만이 피를 빨아요. 엄마 모기는 알이 자라는 데 필요한 영양분을 얻기 위해 피를 빤다고 해요. 그렇지만 엄마 모기가 이빨을 이용하는 것은 아니에요. 모기의 입은 빨대처럼 길쭉하고 끝이 날카로운데, 이 입을 사용해서 피부를 뚫고 피를 후루룩 맛있게 빨아 마신답니다.

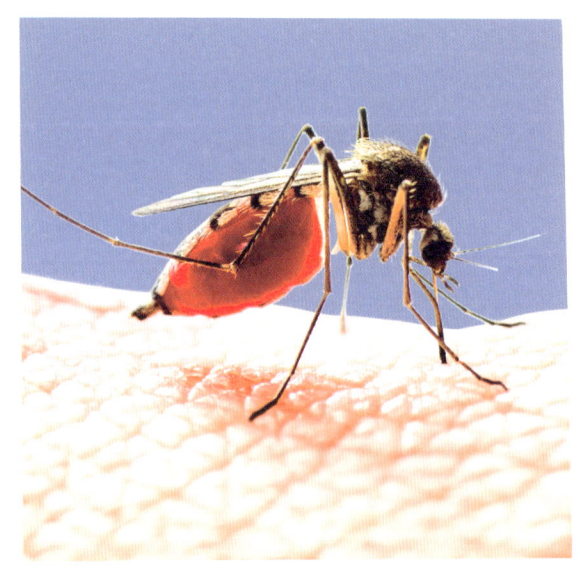

피를 많이 빨면 빨수록 모기의 배는 점점 더 커지고, 더 빨개져요.

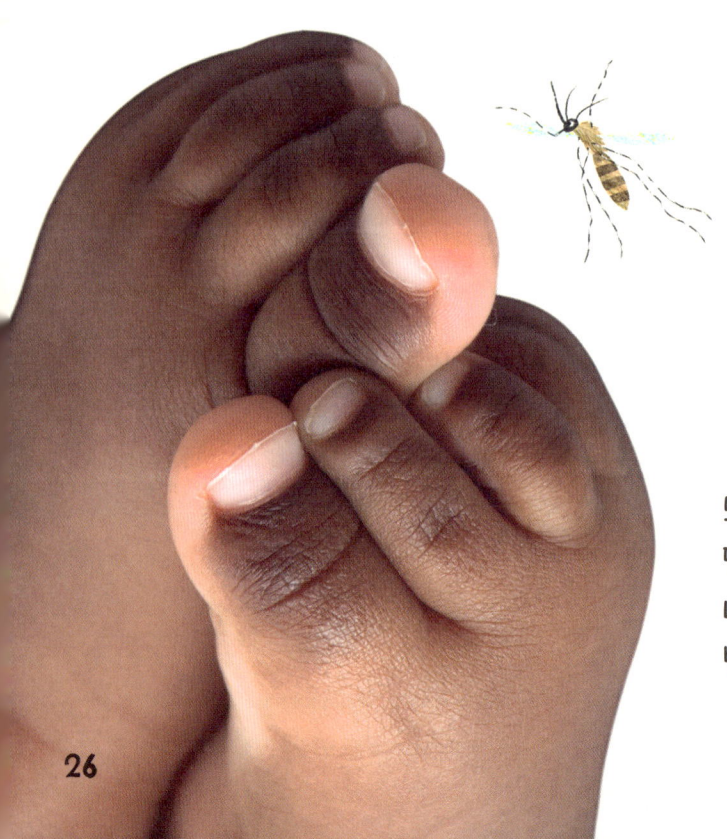

모기는 발가락을 정말 좋아해요! 땀과 박테리아가 섞인 냄새를 너무도 좋아하는 모기에게 발가락은 최고의 먹이랍니다.

놀라운 사실

모기는 자기 몸무게의 3배에 달하는 양의 피를 마실 수 있어요. 정말 많이 먹지요?

놀라운 사실

모든 반딧불이가 빛을 내는 건 아니에요. 빛 대신 냄새를 풍겨 짝을 유혹하는 반딧불이도 많답니다.

반딧불이는 왜 빛을 낼까?

여름밤이면 나타나는 반딧불이는 짝을 찾기 위해 엉덩이에 빛을 밝혀 서로에게 위치를 알려 주어요. 먼저 수컷 반딧불이가 마치 작은 손전등처럼 빛을 켰다 껐다 하면서 암컷의 관심을 끌려고 해요. 암컷도 수컷의 빛 신호가 마음에 든다는 표시로 같이 불빛을 깜박여 준답니다.

반딧불이는 종마다 빛을 깜빡이는 독특한 패턴이 있어서 같은 종끼리 서로 찾을 수 있어요. 반딧불이 빛은 노란색, 초록색, 주황색, 심지어 파란색도 있답니다.

사마귀는 왜 눈에 잘 띄지 않을까?

사마귀는 그야말로 위장의 천재랍니다. 사마귀의 몸 색깔과 생김새는 주변의 풀이나 나뭇잎, 꽃과 거의 구분이 되지 않을 정도로 비슷해서 웬만해서는 눈에 띄지 않아요. 그 덕분에 사마귀는 들키지 않고 먹이에게 몰래 다가갈 수 있답니다. 그리고 자신을 저녁 식사거리로 노리는 적으로부터 쉽게 몸을 숨길 수 있지요.

난초 사마귀의 위장술도 정말 대단해요. 난초 사마귀는 자신을 꽃으로 위장하고 먹잇감이 안심하고 다가오도록 한답니다.

사마귀는 오동통하게 살이 오른 곤충이 가까이 다가올 때까지 절대 움직이지 않고 가만히 기다려요. 그러고는 재빨리 뾰족한 앞다리를 뻗어 곤충을 낚아채서 순식간에 먹어 치우지요.

놀라운 사실

사마귀의 귀는 하나예요. 그런데 그 귀가 가슴 쪽에 달려 있대요.

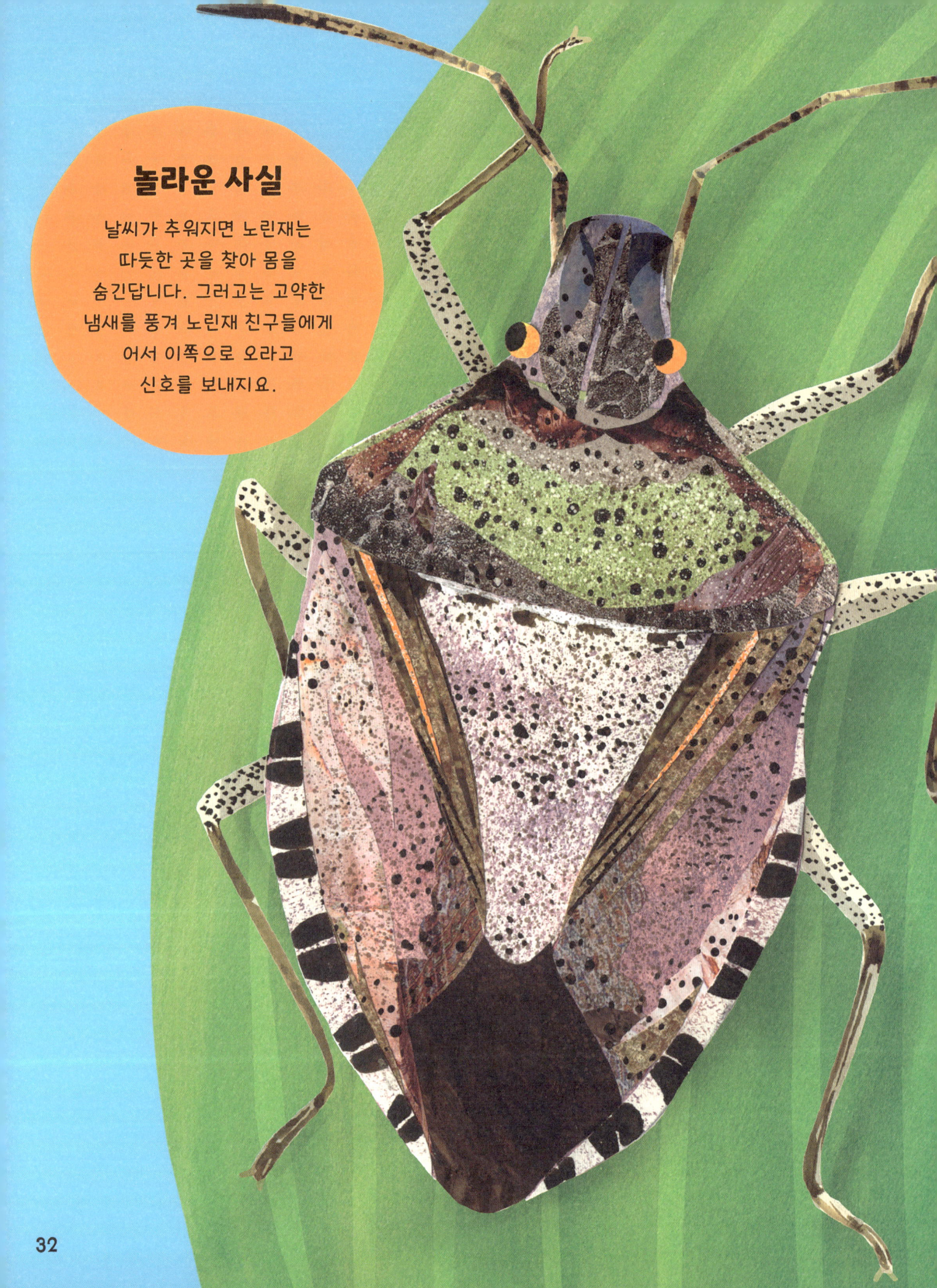

놀라운 사실

날씨가 추워지면 노린재는 따뜻한 곳을 찾아 몸을 숨긴답니다. 그러고는 고약한 냄새를 풍겨 노린재 친구들에게 어서 이쪽으로 오라고 신호를 보내지요.

노린재는 왜 고약한 냄새를 풍길까?

방패 모양의 몸에 갑옷 같은 껍데기를 두른 노린재는 마치 전사 같은 모습을 하고 있어요. 단단한 껍데기가 몸을 잘 보호해 주기도 하지만, 이 용맹한 꼬마 벌레에게는 적을 물리칠 더 좋은 방법이 있어요. 그건 바로 고약한 냄새예요! 공격을 받으면 노린재는 몸에서 독특한 액체를 뿜어내는데, 그 냄새가 어찌나 지독한지 모두들 멀리멀리 도망가고 만답니다.

노린재는 과일을 무척 좋아해서 농작물에 큰 피해를 주기도 해요.

우아!
이게 뭐지?

몸에 신기하고 재미있는 얼굴이
숨어 있는 벌레들이 있어요!
사진 속 벌레의 이름을 맞혀 볼까요?

정답은 139페이지에 있어요.

공작거미

알락실잠자리

부엉이나비

인면노린재

호랑나비 애벌레

하와이 웃는얼굴거미

반려동물

고양이는 왜 가르랑거릴까?
우리와 함께 생활하는
반려동물에 관한 모든 궁금증!

개는 왜 서로 엉덩이 냄새를 맡을까?

개의 후각은 사람보다 10만 배나 뛰어나요. 그래서 개는 냄새로 세상을 탐색한답니다. 개는 예민한 후각을 이용해서 많은 정보를 얻어요. 예를 들면 다른 개가 몇 살인지, 얼마나 건강한지, 그리고 얼마나 다정한지 등을 알 수 있지요. 그러니까 개들이 서로 엉덩이 냄새를 맡는다는 건 새 친구를 사귀고 있다는 뜻이에요. 코를 킁킁거리며 "안녕!" 하고 서로 인사하는 것이지요.

놀라운 사실

개는 한 번에 2가지 냄새를 동시에 맡을 수 있어요. 각각의 콧구멍으로 말이에요.

개의 코에는 냄새를 감지하는 세포가
있어요. 코가 긴 개들은 이런 세포가
더 많아서 코가 짧은 개보다
냄새를 더 잘 맡을 수 있답니다.

고양이는 왜 가르랑거릴까?

알수록 궁금해!
고양이는 대부분 물 흐르는 소리가 나면 가르랑거리는 소리를 딱 멈춘대요. 그 이유는 아무도 정확히 모른답니다.

고양이가 후두 근육을 빠르게 움직이면 숨을 쉴 수 있도록 도와주는 가슴 아래쪽 근육인 '횡격막'도 함께 움직이게 되어요. 고양이가 숨을 쉴 때 들어오는 공기가 이 근육에 맞닿으면서 가르랑거리는 소리가 나는 거예요. 고양이가 가르랑거릴 때는 여러 가지 이유가 있답니다. 기쁘다는 뜻일 때도 있고, 걱정거리가 있다는 뜻일 때도, 어딘가 아프다는 뜻일 때도 있지요. 고양이는 배가 고프면 가르랑거리는 소리를 섞어 '야옹' 하고 울기도 해요.

가르랑

엄마 고양이는 새끼를 낳을 때도 가르랑거린답니다. 갓 태어난 새끼 고양이는 아직 보거나 들을 수 없어도 엄마의 가르랑거리는 소리는 느낄 수 있대요. 그래서 새끼 고양이도 가르랑거리며 대답하지요.

개와 고양이는 왜 단단한 발톱을 가지고 있을까?

다리가 있는 동물들은 대부분 단단한 발톱도 가지고 있어요. 그래야 기어오를 때, 땅을 팔 때, 공격할 때, 방어할 때, 그리고 먹이와 같은 무언가를 움켜쥘 때 편리하니까요. 동물들의 발톱 모양과 크기는 매우 다양해요. 개는 두껍고 뭉툭한 발톱을 가지고 있어 땅을 팔 때 편리하고, 빠르게 달릴 때도 미끄러지지 않아요. 고양이의 발톱은 날카로워서 사냥하거나 나무에 오를 때 아주 유용하다고 해요.

놀라운 사실

고양이의 발톱은 여러 겹으로 자라나요. 마치 양파처럼요! 약 3개월에 한 번씩 맨 위의 발톱이 벗겨지면 아래에 있던 새로운 발톱이 모습을 드러낸답니다.

개와 고양이의 앞발 위쪽에는 엄지처럼 생긴 '며느리발톱'이 있어요. 개와 고양이는 이 발톱을 사용해서 물건을 잡기도 하고, 빠르게 달릴 때 미끄러지지 않고 중심을 잡기도 한답니다.

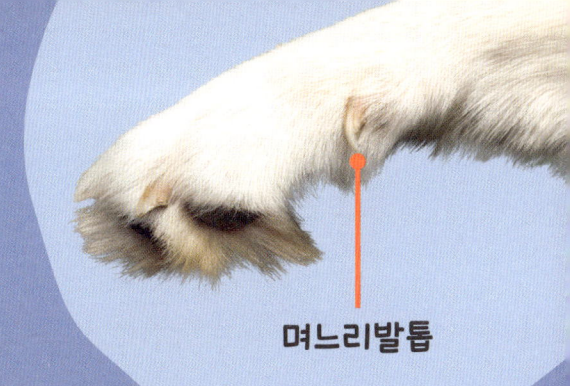

며느리발톱

긁적 긁적

개는 가려운 곳도 발톱으로 시원하게 긁을 수 있어요.

알수록 궁금해!

언제부터 사람들이 야생에서 토끼를 잡아 키우기 시작했는지는 아무도 정확히 모른답니다. 지금까지 발견된 토끼우리 중 가장 오래된 것은 2,000년 정도 되었다고 해요.

토끼는 귀를 거의 360도까지 움직일 수 있답니다.

토끼는 왜 귀가 길까?

토끼의 귀가 긴 이유는 소리로 친구와 적을 구분하기 위해서만은 아니랍니다. 토끼는 몸을 시원하게 하기 위해서도 기다란 귀가 필요해요. 온몸이 털로 빽빽하게 뒤덮인 토끼는 땀을 흘릴 수는 없지만, 몸이 너무 더워지면 귀를 통해 열을 내보내고 몸의 온도를 낮출 수 있어요. 토끼의 귀는 무척 크고 넓기 때문에 몸 안의 열기가 빠져나가기에 아주 좋아요. 그래서 더운 곳에 사는 토끼는 다른 토끼보다 귀가 더 길답니다.

'롭이어 토끼'는 귀가 축 늘어져 있는 토끼예요. 롭이어 토끼는 귀가 쫑긋 서 있는 토끼에 비해 소리는 잘 들을 수 없다고 해요.

거북이는 왜 느릿느릿 걸을까?

거북이는 웬만해서는 서두르지 않아요.
서둘러야 할 이유가 없으니까요.
거북이의 먹이인 식물은 발이
없으니 쫓아다닐 필요도 없고,
딱딱한 등딱지가 있으니
적이 다가와도 재빠르게
도망갈 필요가 없지요.
사실 거북이는 자신의
두꺼운 다리를 걷는 데
사용하는 일이 별로 없답니다.
그보다는 뒷다리를 이용해
앞으로 미끄러지며
움직이는 것을
좋아한대요.

한 무리의 거북이를 영어로 '크립(creep)'이라고 해요.
'살금살금 기어간다'라는 뜻이에요.

놀라운 사실

거북이의 몸이 무거운 이유는 등딱지 때문만은 아니에요. 거북이는 방광도 무척 크답니다. 커다란 방광에는 몸무게 절반만큼의 오줌을 담을 수 있대요.

거북이는 아주 오래 살아요.
90년에서 150년까지도 살 수 있답니다.

알수록 궁금해!

반려동물로 가장 인기 있는 햄스터는 '골든 햄스터'예요. 그렇지만 야생에서는 그 수가 점점 줄어들고 있답니다. 시리아의 사막 지대 알레포 근방에 사는 골든 햄스터의 수가 얼마나 남아 있는지는 과학자들도 잘 모른다고 해요.

햄스터는 왜 밤에 시끄러운 소리를 낼까?

햄스터는 야행성 동물이에요. 낮에는 잠을 자고, 밤에는 이리저리 돌아다니지요. 원래 햄스터는 낮에 돌아다니기에는 너무 더운 지역에서 살았어요. 야생 햄스터는 뜨거운 햇볕을 피하고 배고픈 적에게 잡아먹히지 않도록 낮에는 굴에 들어가 잠을 잔답니다.

햄스터는 특별한 볼주머니에 음식을 넣어서 집으로 가지고 와요. 엄마 햄스터는 이 볼주머니에 새끼를 넣고 다니기도 해요. 어떤 햄스터는 물에 뜨기 위해 볼주머니를 공기로 채우기도 한답니다.

개는 왜 종류가 많을까?

개는 종류에 따라 모양과 크기가 정말 다양해요. 큰 개도 있고, 작은 개도 있고, 통통한 개도 있고, 날씬한 개도 있지요. 개의 모습이 이렇게 다양해진 이유는 바로 사람 때문이랍니다. 개가 사람에게 얼마나 도움이 되는지 알게 된 이후, 사람은 개에게 여러 가지 일을 시키기 위해 그에 맞는 다양한 종류의 강아지를 낳게 한 거예요. 예를 들면 사냥개는 빠르게, 양치기 개는 영리하게, 경비나 경호용 개는 크고 사납게 만들었지요.

놀라운 사실

제일 작은 견종 중 하나인 '치와와'는 키가 연필 길이 정도밖에 되지 않아요.

지금까지 기록된 가장 큰 견종은 '그레이트데인'이에요. 이 개는 몸집이 당나귀만 하답니다.

'헝가리안풀리'는 양치기 개로 알려져 있어요. 복슬복슬한 털 때문에 양과 생김새도 닮았어요.

놀라운 사실

'폐어'는 물속에서도, 물 밖에서도 숨을 쉴 수 있어요. 미끈거리고 이상한 모양을 한 이 물고기는 물 밖에서 5년이나 살 수 있답니다!

물고기는 왜 아가미가 있을까?

물고기는 사람과 마찬가지로 산소를 마셔야 살아갈 수 있어요. 사람은 공기로 숨을 쉬며 산소를 얻지만, 물고기는 물속에서 산소를 얻어야 하지요. 그래서 물고기 머리의 양옆에는 '아가미'라는 특수한 신체 기관이 자리 잡고 있고, 물고기는 이 아가미를 통해 숨을 쉬어요. 아가미는 물이 있어야 열려요. 물이 마르면 아가미가 말라붙어 물고기는 숨을 쉴 수 없게 된답니다.

물 들어오는 곳

물 나가는 곳

아가미

물은 물고기의 입을 통해 들어갔다가 아가미를 통해 나와요. 물고기는 물이 아가미를 통과할 때 산소를 몸속으로 받아들인답니다.

동물은 왜 우리에게 말을 할 수 없을까?

사람의 언어는 사람만 말할 수 있지만 반려동물도 어느 정도 알아들을 수는 있어요. 동물은 주로 소리, 몸짓, 그리고 냄새로 서로 소통해요. 관심이 필요한 개는 '멍멍' 짖거나 꼬리를 흔들고, 배가 고픈 고양이는 '야옹' 소리를 내며 몸을 비비지요. 기니피그는 흥분하면 팝콘처럼 빠르게 뛰어오르며 '쿠잉쿠잉' 하는 소리를 내기도 한답니다.

'회색앵무'인 알렉스는 100개 이상의 단어를 말할 수 있도록 훈련받은 새예요. 알렉스는 색과 모양을 구분할 뿐 아니라 수를 셀 수도 있답니다.

아~~우!

놀라운 사실

대부분의 개는 150개 이상의 단어를 이해할 수 있대요. 그것은 2살짜리 아이와 비슷한 수준이랍니다.

쥐가 수염을 움직이는 속도는 정말 빨라요. 1초에 7번이나 앞뒤로 움직일 수 있답니다. 수염이 있는 포유류 중에 제일 빠른 속도예요.

놀라운 사실

사람도 수염이 나지만 고양이나 쥐처럼 수염으로 세상을 탐색하지는 않지요.

동물은 왜 수염이 있을까?

어떤 동물은 코와 입 주변에 길고 두껍고 움직일 수도 있는 긴 수염이 있어요. 수염이 있는 동물들은 수염을 손이나 손가락처럼 사용해 주변을 만지고 탐색한답니다. 쥐는 눈보다 예민한 수염에 의존해 살아가요. 쥐가 수염을 끊임없이 앞뒤로 움직이는 행동을 '수염질(whisking)'이라고 해요.

고양이 눈 위에 난 길고 사랑스러운 속눈썹은 사실 수염이에요. 고양이는 앞다리 뒤에도 수염이 있답니다.

고양이는 왜 털을 핥을까?

다 자란 고양이는 하루 중 깨어 있는 시간의 절반 동안이나 털을 손질하며 보낸답니다. 사포처럼 거친 혀로 털을 깨끗하게 핥으며 오랜 시간을 보내는 것이지요. 고양이 혀는 작고 뾰족한 갈고리 모양의 돌기로 덮여 있어요. 이 돌기는 촘촘한 빗처럼 고양이 털에 붙은 먼지, 빠진 털, 그리고 벼룩 같은 성가신 벌레들을 제거해 주어요. 또 털을 핥으면 고양이 피부에 유분이 퍼져 털을 부드럽고 윤기 있게 만들어 주고, 춥고 습한 날씨로부터 보호해 주기도 한답니다.

놀라운 사실

고양이는 뭔가를 먹고 나면 음식 냄새를 없애기 위해 오랫동안 몸을 핥아요. 냄새가 나지 않아야 사냥할 때 먹이에게 몰래 다가갈 수 있기 때문이랍니다.

고양이는 서로 핥아 주며 애정 표현을 해요. 아주 마음에 드는 경우라면 사람을 핥아 주기도 하고요!

할짝 할짝

영어로 수컷 쥐는 '벅(buck)', 암컷 쥐는 '도우(doe)', 그리고 새끼 쥐는 '핑키(pinky)'라고 해요.

생쥐의 시력은 그리 좋지 않지만, 후각과 청각은 무척 뛰어나답니다.

생쥐는 왜 찍찍거릴까?

생쥐는 찍찍거리며 자신들의 언어로 서로 소통해요. 기분에 따라 조금씩 다른 소리를 내기도 하고, 친구들에게 물과 음식이 어디에 있는지 알려 주기도 하지요. 쥐가 내는 소리는 때로는 음높이가 너무 높아서 사람의 귀에 잘 안 들리기도 해요. 암컷 쥐는 찍찍거리며 수다를 떨고, 수컷 쥐는 암컷 쥐의 마음을 사로잡기 위해 소란스럽게 사랑 노래를 부르기도 한답니다.

놀라운 사실

과학자들이 밝혀낸 바에 따르면 생쥐는 찍찍대는 소리뿐 아니라 얼굴 표정을 사용해서 감정을 표현하기도 한대요.

모래쥐는 왜 골판지를 갉을까?

모래쥐의 길고 날카로운 앞니는 자꾸자꾸 자라나기 때문에 항상 무언가를 갉아서 갈아 주어야 한답니다. 야생에 사는 모래쥐는 나무뿌리를 이용해 이를 갈지만, 집에서 키우는 모래쥐는 달걀판이나 휴지 심 같은 물건에다가 이를 갈 수밖에 없어요. 돌돌 말린 골판지는 멋진 터널로 만들어 놀기도 좋고, 앞니로 갈기갈기 찢은 후에는 잠자리로 사용하기에도 알맞아요.

모래쥐는 설치류에 속하는 동물이에요. 기니피그, 햄스터, 들쥐, 생쥐도 모두 설치류예요.

놀라운 사실

모래쥐의 이빨은 강철처럼 단단해요. 야생에 사는 모래쥐는 이빨을 사용하여 적을 물어뜯고, 단단한 견과류도 깨 먹고, 잠자리로 사용할 나무도 갈기갈기 찢어야 하기 때문이지요.

편자는 말발굽의
모양에 딱 맞도록
U자 형태로 만들어요.

말은 왜 신발이 필요할까?

말의 발굽은 두껍고, 사람의 손톱처럼 자꾸자꾸 자라나요. 그렇지만 딱딱한 땅 위를 많이 걸어 다니다 보면 말굽이 자라는 속도보다 닳는 속도가 더 빨라지게 되지요. 그래서 말은 특별한 신발인 '편자'가 필요하답니다. 편자는 주로 단단한 철로 만드는데, 이런 편자를 만드는 사람을 '장제사'라고 해요. 장제사는 말발굽에 편자를 박아 주는 일도 해요. 하지만 걱정 마세요. 전혀 아프지 않으니까요.

놀라운 사실

약 2,000년 전에 고대 로마인은 말의 발굽을 보호하기 위해 특별한 신발 '히포샌들'을 만들었어요. 여기에서 '히포'는 그리스어로 '말'이라는 뜻이에요. 영어의 '히포'처럼 '하마'라는 뜻이 아니랍니다.

히포샌들은 철로 만들었어요. 이것으로 말발굽을 감싼 다음, 가죽끈을 사용해서 고정시켰다고 해요.

우아!
이게 뭐지?

생김새도 크기도 제각각인
반려동물들이 있어요! 사진 속
동물의 이름을 맞혀 볼까요?

정답은 139페이지에 있어요.

수포안 금붕어

스핑크스 고양이

블러드하운드

스키니 기니피그

앙고라토끼

대벌레

67

야생 동물

• • • • • • •

기린은 왜 목이 길까?
지구 곳곳에 살고 있는 멋진
야생 동물에 관한 모든 궁금증!

개구리는 왜 개굴개굴하고 울까?

시끄럽게 우는 개구리는 대부분 수컷이에요. 울음소리로 암컷 개구리를 유혹하고, 다른 수컷은 가까이 오지 말라고 경고를 하지요. 공격을 받으면 적을 위협하기 위해 울기도 하고, 다른 개구리들에게 위험을 알리기 위해 울기도 해요. 암컷 개구리에게 수컷의 울음소리는 정말 매력적으로 들린대요. 그래서 울음소리가 마음에 쏙 드는 수컷 개구리가 있으면 같이 입을 맞춰 개굴개굴 울기도 한답니다.

놀라운 사실

푸에르토리코에 사는 작디작은 '코키 개구리'는 크기가 도토리만 하답니다. 그렇지만 내는 소리는 믹서기만큼 시끄러워요.

밤이 되면 이 수컷 청개구리는 개굴개굴 사랑의 노래를 불러요.

개구리의 턱 밑에는 공기를 채울 수 있는 울음주머니가 있어요. 커다랗게 부풀어 오르는 턱 덕분에 개구리는 더 큰 소리로 울 수 있답니다.

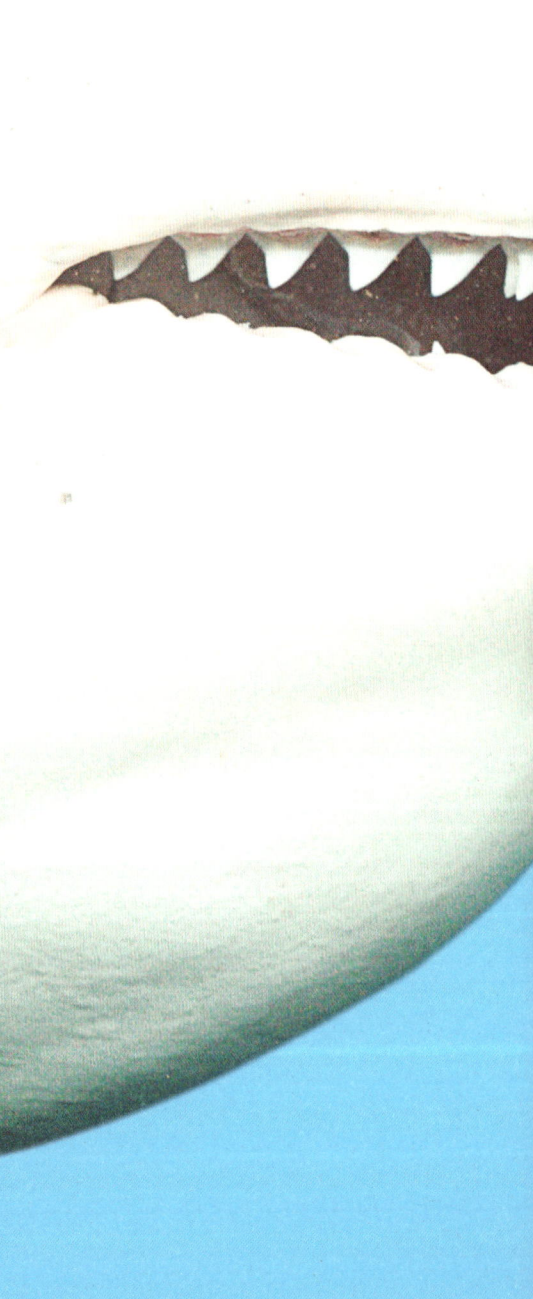

놀라운 사실

상어는 이를 닦을 때 치약이 필요 없어요. 이빨 바깥쪽이 '불소'로 덮여 있거든요. 불소는 이를 튼튼하게 해 주는 물질이랍니다.

상어는 왜 이빨이 많을까?

아무리 무서운 상어라 하더라도 이빨이 없다면 아무 힘을 못 쓸 거예요. 이빨이 있어야 물고기를 갈기갈기 찢어 먹을 수 있으니까요. 그런데 상어의 이빨은 의외로 잘 흔들려요. 그래서 물고기를 먹을 때마다 이빨이 몇 개씩 빠지고 말지요. 그렇지만 문제없어요. 상어 이빨은 15줄에서 50줄까지 겹겹이 줄지어 나 있거든요. 이빨 하나가 빠져도 바로 다른 이빨이 그 자리를 채워 주어요. 이렇게 상어의 이빨은 평생 동안 2만 개나 빠졌다가 다시 난답니다.

황소상어는 이빨이 무려 350개예요.

상어 이빨은 커다란 턱 안에 겹겹이 줄지어 나 있어요.

악어 피부는 왜 울퉁불퉁할까?

악어 몸은 마치 갑옷처럼 단단한 피부로 둘러싸여 있답니다. 이 피부는 악어가 적에게 물리거나 수분이 말라서 죽지 않도록 보호해 주어요. 그렇지만 그게 다가 아니에요. 가까이에서 보면 악어의 울퉁불퉁한 몸은 수천 개의 작고 까만 돌기로 뒤덮여 있는데, 이 돌기는 사람의 손가락보다 더 민감하지요. 그래서 악어는 잔잔한 물속에서도 20미터나 떨어진 곳에서 물을 마시고 있는 영양의 움직임도 느낄 수 있답니다.

놀라운 사실

악어는 무서워 보이는 생김새와는 달리 다정한 면도 있어요. 가끔 서로 몸을 비비며 애정을 표현하기도 한답니다.

악어 몸의 딱딱하고 삐쭉삐쭉한 비늘은 '골판'이라고 해요.
악어의 몸은 수천 개의 골판으로 뒤덮여 있어요.

'거대태평양문어'는 무려 2,200개가 넘는 빨판을 가지고 있어요!

문어 다리에는 왜 빨판이 있을까?

문어는 길고 유연한 8개의 다리를 가지고 있어요. 빨판으로 뒤덮여 있는 이 다리로 문어는 감촉을 느끼고, 맛을 보고, 냄새도 맡는답니다. 이 빨판은 먹이를 잡거나 바닥을 디딜 때도 유용해요. 문어 다리에는 신경 세포가 퍼져 있어 8개의 다리를 각각 자유롭게 움직일 수 있어요. 그래서 문어는 2개의 다리로 바다 밑바닥을 기어가는 동시에, 나머지 다리를 사용해 바위틈의 먹이를 찾을 수 있답니다.

알수록 궁금해!

문어는 공격을 받으면 순식간에 몸 색깔을 주변 환경과 비슷한 색으로 바꿔 숨어요. 그런데 과학자들에 따르면 문어는 눈으로 색을 구분할 수 없대요. 그래서 문어가 어떻게 주변 환경에 맞춰 적절히 몸 색깔을 바꾸는지 정확히 알지 못한답니다.

코끼리는 왜 코가 길까?

코끼리는 코를 이용해서 여러 가지 일을 할 수 있답니다. 이리저리 휘두를 수 있는 놀라운 코로 뭔가를 붙잡고, 빨아들이고, 내뿜고, 숨을 쉬고, 냄새를 맡고, 감촉을 느끼고, 심지어는 나팔 같은 소리를 내기도 해요. 그렇지만 코가 가장 많이 하는 일은 먹고 마시는 것이랍니다. 코끼리는 몸집이 크기 때문에 쉽게 몸을 구부리거나 높은 곳을 향해 다리를 들지 못해요. 그래서 코끼리는 코를 사용해서 재빠르게 먹이를 모아 입에 넣거나, 물을 빨아들여 입안에 뿜어서 먹는답니다.

놀라운 사실

아프리카코끼리의 코 끝에는 2개의 작은 손가락 같은 돌기가 있어서 아주 작은 물체도 집어 들 수 있어요. 심지어 작은 땅콩도 까먹을 수 있답니다.

코끼리의 후각은 무척 민감해서 19킬로미터나 떨어진 곳에 있는 물 냄새도 맡을 수 있어요.

코끼리는 긴 코를 이용해 물속에서 잠수를 하기도 해요.

새끼 캥거루는 첫걸음마를 떼기 전, 엄마의 배주머니 안에서 4개월 정도를 지내요. 그리고 10개월이 지나면 엄마의 배주머니를 완전히 떠나지요.

놀라운 사실

태어난 지 얼마 안 된 새끼 캥거루는 엄마의 배주머니 안에서 오줌도 싸고 똥도 싼대요. 그래서 엄마 캥거루는 주기적으로 배주머니를 핥아 깨끗하게 청소해야 한답니다.

캥거루는 왜 배주머니가 있을까?

캥거루 중 암컷은 배주머니를 가지고 있어요. 배주머니는 새끼 캥거루가 안전하고 아늑하게 자랄 수 있는 장소랍니다. 새끼 캥거루는 영어로 '조이(joey)'라고 해요. 갓 태어난 새끼 캥거루는 앞을 볼 수 없고, 마치 다리 달린 분홍색 젤리빈처럼 생겼지요. 새끼 캥거루는 태어나자마자 엄마의 배주머니 안으로 기어 들어가요. 새끼는 그곳에서 엄마 젖을 먹으며 크고 힘세고 점프도 잘하는 튼튼한 캥거루로 무럭무럭 자란답니다.

새끼 캥거루는 엄마 배 속에서 33일 정도 있다가 태어나요.

갓 태어난 새끼 캥거루는 온 힘을 다해서 앞다리로 엄마 털을 붙잡고 배주머니 안으로 들어가요.

배주머니로 들어간 새끼 캥거루는 이제 엄마 젖을 먹을 준비를 해요. 그렇지만 갓 태어난 새끼는 아직 젖을 삼킬 수 없기 때문에 엄마 캥거루가 새끼의 목구멍 안으로 젖을 밀어 넣어 주어요.

새는 왜 둥지를 틀까?

새가 둥지를 트는 이유는 알과 새끼들이 안전하게 지낼 수 있는 아늑한 집이 필요하기 때문이랍니다. 어떤 새는 작은 나뭇가지와 풀, 그리고 이끼를 사용해 둥지를 만들고, 어떤 새는 진흙과 심지어 돌멩이까지 사용해 둥지를 만들어요. 벌새는 꽃잎과 거미줄을 사용해 밤톨만 한 둥지를 만들지요.

작디작은 벌새의 둥지는 새끼가 자랄수록 옆으로 쭉~, 고무처럼 늘어난답니다.

놀라운 사실

흰머리수리는 나뭇가지와 풀을 이용해 커다란 둥지를 만들어요. 이 둥지는 작은 자동차만큼이나 크고 무겁답니다.

경쟁자들에게 겁을 주기 위해 수컷 고릴라는 가슴을 펴고 일어나 큰 소리로 으르렁거리며, 주먹이 아닌 손바닥으로 가슴을 쿵쿵 두드려요. 이 소리가 어찌나 큰지 2킬로미터나 떨어진 곳에서도 들린대요.

고릴라는 왜 가슴을 쿵쿵 두드릴까?

고릴라는 원래 차분하고 느긋한 동물이에요. 그렇지만 무리에서 가장 크고 힘센 수컷이 자리에서 일어나 가슴을 두드리기 시작한다면 모두들 도망가는 게 좋을걸요? 그건 다른 수컷들에게 "내가 대장이야. 저리 가지 않으면 공격할 거야." 하는 경고거든요. 암컷 고릴라도 다른 암컷에게 화가 나거나 새끼가 귀찮게 굴면 경고의 의미로 가슴을 두드린답니다.

놀라운 사실

새끼 고릴라도 가끔 가슴을 두드릴 때가 있답니다.

뱀은 왜 혀를 날름거릴까?

뱀은 코가 아닌 입으로 냄새를 맡아요. 먼저 끝이 갈라진 혀를 입 안팎으로 날름거리며 주변 공기의 냄새를 모은 다음, 입안의 후각 신경이 모여 있는 부분으로 가져가 냄새를 맡는답니다. 뱀은 이런 방식으로 냄새의 주인공이 적인지, 먹이인지, 짝인지를 알아낸대요.

알수록 궁금해!

과학자들은 사람도 혀로 냄새를 맡을 수 있다는 사실을 알아냈어요. 하지만 사람이 음식 맛을 느끼는 데 어떤 식으로 영향을 주는지는 여전히 연구 중이래요.

뱀은 갈라진 혀의 양쪽을 모두 사용하여 냄새를 맡아요. 어느 한쪽에서 냄새가 더 많이 느껴지면, 뱀은 그쪽이 냄새가 나는 방향이라 생각한답니다.

뱀은 입술의
작은 틈새로
혀를 날름거려요.

놀라운 사실

플라밍고의 날개 아래 깃털은 검은색이에요. 플라밍고가 날기 위해 날개를 쫙 펼치면 검은 깃털을 볼 수 있답니다.

플라밍고는 왜 분홍색이나 주황색일까?

플라밍고는 원래 칙칙한 회색으로 태어난답니다. 나중에 몸이 분홍색이나 주황색으로 변하는 이유는 바로 먹이 때문이에요. 플라밍고는 해조류나 애벌레, 그리고 새우 등을 먹고 사는데, 모두 '카로틴'이 풍부한 먹잇감들이지요. 카로틴은 사물을 분홍색이나 주황색으로 변하게 만드는 화학 물질이에요. 그래서 카로틴을 먹은 플라밍고의 몸과 깃털이 화려한 색으로 변하게 되는 것이랍니다.

플라밍고는 먹이를 먹을 때 윗부리가 아래로 오도록 물속에 머리를 거꾸로 집어넣고 먹어요. 그리고 부리와 혀를 이용해서 진흙이나 물을 걸러 낸답니다.

다람쥐는 왜 견과를 묻어 놓을까?

추운 겨울이 오면 동물들은 먹이를 찾기가 힘들어져요. 그럴 때를 대비하여 다람쥐는 나무 구멍 속이나 나뭇잎 아래에 도토리나 밤 같은 먹이를 미리 묻어 둔답니다. 그리고 그 장소를 기억해 두었다가 나중에 배가 고파지면 돌아와 묻어 둔 먹이를 꺼내 먹지요. 다람쥐가 깜빡하고 남겨 둔 견과는 그대로 자라 나무가 되기도 한대요!

놀라운 사실

다람쥐는 다른 다람쥐가 자신의 먹이를 훔치려 할 것 같으면 속임수를 쓰기도 해요. 나무 구멍 안으로 먹이를 떨어뜨리는 척하면서 입안에 몰래 숨겨 둔답니다.

다람쥐는 눈 속 30센티미터 아래에 숨어 있는 먹이의 냄새도 맡을 수 있어요.
그래서 다람쥐는 먹이가 나올 때까지 냄새를 따라서 열심히 땅을 파고 또 판답니다.

부엉이는 왜 눈이 클까?

부엉이는 주로 밤에 사냥을 하기 때문에 밤에 잘 볼 수 있어야 해요. 부엉이의 커다란 눈은 주변의 약한 빛도 잘 받아들일 수 있어서 밤눈이 아주 밝지요. 눈이 머리 양쪽에 하나씩 달린 다른 새들과는 달리, 부엉이의 눈은 사람처럼 둘 다 얼굴 앞쪽에 자리 잡고 있어요. 덕분에 부엉이는 먹이가 얼마나 멀리 있는지, 얼마나 빨리 움직이는지 정확히 알 수 있답니다. 그래서 부엉이는 먹잇감을 아주 쉽게 사냥할 수 있어요.

놀라운 사실

만약 이 수리부엉이의 크기가 사람만 하다면, 부엉이의 눈은 테니스공 정도로 클 거예요.

부엉이는 사람처럼 눈알을 좌우로 움직이지는 못해요. 그러나 목이 유연하기 때문에 머리를 거의 모든 방향으로 돌릴 수 있답니다.

기린은 왜 목이 길까?

목이 긴 기린은 높은 나무에 있는 잎사귀를 먹을 수 있지만 키 작은 동물들은 어림없지요. 그래서 기린은 초원의 다른 동물들과 먹이를 놓고 싸우지 않아도 돼요. 키가 훨씬 커서 좋은 점 또 하나는 멀리서 쫓아오는 적들을 빨리 발견할 수 있다는 것이랍니다!

기린은 무리 지어 생활하고 움직여요. 기린 한 무리는 영어로 '높은 탑'이라는 뜻이 있는 '타워(tower)'라고 한답니다.

기린의 목 길이는 다리 길이와 비슷해요.

알수록 궁금해!

정확하게 밝혀진 것은 아니지만, 어떤 과학자는 기린이 긴 목을 통해 열을 내보내서 몸을 시원하게 유지한다고 해요.

펭귄의 몸에는 두툼한 지방층과 여러 겹의 특별한 깃털이 있어서 얼음처럼 차가운 물속에서도 몸을 따듯하게 유지할 수 있어요.

펭귄이 물속에서 헤엄치는 모습은 마치 하늘을 나는 것처럼 보여요.

펭귄은 왜 날지 못할까?

펭귄의 몸은 하늘을 날기에 알맞지 않아요. 날개는 뻣뻣하고 뭉툭한데다, 몸은 너무 무거우니까요. 그렇지만 펭귄의 묵직하고 매끈한 몸과 지느러미 같은 날개는 수영을 하기에는 정말 좋지요. 사실 펭귄은 대부분의 시간을 먹이가 있는 물속에서 보낸답니다. 펭귄만큼 빠르게 수영하고 깊은 곳까지 잠수할 수 있는 새는 없어요. 펭귄은 정말 훌륭한 바다의 사냥꾼이에요!

놀라운 사실

바위뛰기펭귄은 바다에서 얼마나 많은 시간을 보내는지, 깃털에 따개비가 자라기도 한대요!

우아! 이게 뭐지?

알록달록 울퉁불퉁, 생김새가 독특한 야생 동물들이 있어요! 사진 속 동물의 이름을 맞혀 볼까요?

정답은 139페이지에 있어요.

화식조

덤보문어

도깨비도마뱀

공작갯가재

나무늘보

안경원숭이

우리 몸

• • • • • • • • • •

음악을 들으면 왜 춤을 추고
싶어질까?
알면 알수록 신기하고 재미있는
우리 몸에 관한 모든 궁금증!

하품은 왜 하는 걸까?

사람은 누구나 하품을 하지만 그 이유를 명확히 아는 사람은 없답니다. 우리는 아침에 일어났을 때, 따분할 때, 불안할 때, 그리고 무엇보다도 피곤할 때 '하암!' 하고 하품을 해요. 우리가 하품을 하는 이유는 우리 몸에 공기가 더 필요하기 때문이라는 과학자도 있고, 폐가 기지개를 한번 켜야 하기 때문이라는 과학자도 있어요. 하품을 하면 체온이 내려가 정신이 또렷해지는 효과가 있다고 하는 과학자도 있지요. 하품의 이유가 무엇이든지 이것 하나만은 확실해요. 하품은 전염성이 있어서 누군가가 하품을 하면 주변 사람도 하게 된답니다!

사람은 보통 하루에 20번 정도 하품을 해요. 온 얼굴의 근육을 잔뜩 찌푸리며 커다란 한숨을 내뿜는데, 이렇게 하품을 한 번 하는 데 약 6초가 걸린답니다.

하품을 하다가 중간에 멈추기는 정말 힘들어요.

놀라운 사실

동물도 하품을 해요. 특히 개는 주인의 하품을 종종 따라 하곤 한답니다!

어린이의 혀에는
약 1만 개의
미뢰가 있답니다.

입안에는 왜 침이 고일까?

우리 입안에 있는 물 같은 것을 침이라고 하지요. 입안에 음식을 넣고 씹으면 침이 나와 음식을 삼키기 쉽도록 부드럽고 걸쭉하게 만들어 준답니다. 맛있는 음식을 보거나, 냄새를 맡거나, 머릿속에 떠올리기만 해도 우리 뇌는 침을 내보내라고 입에게 신호를 보내요. 먹을 준비를 하라는 것이죠!

놀라운 사실

우리 입안에서는 하루에 1리터 이상의 침이 나온답니다. 거의 종이컵 5~6개 정도 되는 양이에요.

우리 눈에는 보이지 않지만 입안에는 음식 맛을 느낄 수 있도록 해 주는 '미뢰'가 있어요. 미뢰는 혀의 분홍색과 흰색 돌기 안에 숨어 있답니다. 그렇지만 입이 마르면 미뢰는 맛을 느끼지 못해요. 그래서 항상 침으로 미뢰를 촉촉하게 해 주어야 하지요.

이는 왜 흔들릴까?

음식을 베어 물거나 씹어 먹기 위해서는 이가 필요해요. 어린아이의 입안에는 유치 20개가 자라날 자리가 있어요. 그렇지만 6세가 되면 유치가 흔들리고 빠지기 시작하지요. 이렇게 유치가 빠진 자리에는 영구치가 나기 시작한답니다. 어른이 되면 보통 32개의 영구치를 가지게 되어요.

놀라운 사실

우리가 태어나기도 전에 이는 자라기 시작한대요. 아기의 잇몸 아래에 숨어 있어 보이지 않을 뿐이랍니다.

사람과 마찬가지로 개와 고양이도 이빨이 빠져요. 보통 태어난 지 6개월 정도가 지나면 완전히 어른 이빨을 가지게 된답니다.

세상에서 가장 흔하게
볼 수 있는 눈동자의
색깔은 갈색이에요.

어떤 사람은 왜 안경을 써야 할까?

모든 사람의 눈이 똑같이 잘 보이는 것은 아니에요. 어떤 사람은 가까운 것은 잘 보이지만 길 건너 친구의 얼굴처럼 멀리 있는 것은 잘 보이지 않아요. 또 어떤 사람은 멀리 있는 것은 선명하게 잘 보이지만 가까이 있는 것은 흐릿하게 보이기도 하지요. 안경은 시력을 교정해서 이런 사람들의 불편함을 해결해 주어요. 그래서 흐릿하게 보이던 것을 선명하게 잘 볼 수 있도록 해 준답니다.

놀라운 사실

사람은 보통 1분에 15번 정도 눈을 깜빡인대요. (여러분도 방금 눈을 깜빡였죠?)

눈물은 왜 나는 걸까?

우리는 슬플 때나 속상할 때, 화가 날 때, 그리고 행복할 때 눈물을 흘리곤 해요. 감정이 격해지면 우리 뇌는 눈물을 만들라는 신호를 보낸답니다. 어느 과학자는 '눈물은 다른 사람들에게 도움을 요청하기 위한 신호'라고 말하기도 해요. 눈물은 먼지를 씻어 내고 눈을 깨끗하고 건강하게 유지해 주기도 하지요. 육지 동물은 대부분 눈을 보호하기 위해 눈물을 흘려요. 감정에 의해 눈물을 흘릴 수 있는 것은 오직 사람뿐이랍니다.

알수록 궁금해!

아마존강 열대 우림에 사는 어떤 나방은 새의 눈물을 마시기도 한대요. 그 이유는 전문가들도 정확히 알지 못한다고 해요.

아기들은 관심을 끌기 위해 울기도 해요. 기저귀를 갈아 달라고, 배가 고프다고, 아니면 안아 달라고 말이죠.

우리가 아무리
많이 울어도
눈물은 마르지
않는답니다.

꿈을 꾸다가 도중에 깨어나면 꿈이 더 잘 기억난대요.

꿈은 왜 꾸는 걸까?

비록 기억나지 않을 수 있지만, 우리는 잠을 자는 동안 많게는 7개 정도 꿈을 꾼답니다. 꿈을 꾸는 이유는 과학자들도 정확히 알지 못해요. 다만 꿈을 이용해서 우리 뇌가 낮 동안 모아 두었던 정보를 정리하는 것이 아닐까 추측할 뿐이랍니다. 행복한 감정, 걱정거리, 보고 듣고 만지고 맛보고 냄새 맡은 모든 것들이 꿈을 꾸면서 정리되는 것이지요. 그 과정에서 우리 뇌가 여러 가지 장면과 이야기를 만들어 내는 것일 지도 몰라요.

알수록 궁금해!

개는 꿈을 꿀 때면 낑낑거리거나 다리를 씰룩거릴 때가 많아요. 과학자들은 동물이 일상생활에 관한 꿈을 꾼다고 생각하지만, 정확히 어떤 꿈을 꾸는지는 알 수 없다고 해요.

속눈썹은 왜 있는 걸까?

짧은 속눈썹도, 긴 속눈썹도, 곧은 속눈썹도, 곱슬곱슬한 속눈썹도, 역할은 오직 하나예요. 그건 바로 눈을 보호하는 것이랍니다. 속눈썹은 먼지와 흙으로부터 눈을 보호해 주고, 눈에 무언가가 닿으면 얼른 눈을 감으라고 알려 주어요. 그 외에도 비나 땀이 눈 안으로 들어가는 것을 막고, 바람이 많이 부는 날에는 눈이 건조해지지 않도록 도와주어요.

놀라운 사실

낙타의 속눈썹은 사막의 먼지와 모래가 눈 안으로 들어가지 않도록 2겹으로 되어 있어요.

사람의 속눈썹은
윗눈꺼풀에 약 150개,
아랫눈꺼풀에 약 100개
정도씩 있어요.

놀라운 사실

피부는 우리 몸의 가장 큰 기관이에요. 몸 안의 모든 것을 덮어 주고 보호해 주는 역할을 한답니다.

사람의 피부색은 왜 서로 다를까?

사람의 피부는 태양으로부터 피부를 보호해 주는 '멜라닌'이라는 색소를 만들어요. 멜라닌이 많을수록 피부색이 어두워지지요. 사람마다 가지고 있는 멜라닌 양이 다르기 때문에 피부색도 놀랄 만큼 다양한 것이랍니다.

햇볕을 많이 쬐면 멜라닌 색소가 많아져 피부색이 더 어두워져요.

이는 왜 닦아야 할까?

사람의 이는 상어 이빨만큼 튼튼하다는 사실을 알고 있나요? 이는 잘 닦기만 하면 계속 튼튼하게 유지할 수 있어요. 음식을 먹으면 입안에 음식 찌꺼기가 남게 되는데, 이러한 찌꺼기 때문에 '치석'이 생겨요. 치석은 이에 생기는 엷고 고약한 막이랍니다. 치석에 들어 있는 세균은 이에 작은 구멍을 낼 수도 있어요. 이를 잘 닦으면 음식 찌꺼기와 치석을 없앨 수 있고, 반짝반짝 건강하고 깨끗한 이를 유지할 수 있답니다.

놀라운 사실

물떼새는 정기적으로 악어의 이빨을 청소해 주어요. 날카로운 부리를 이용해서 악어의 이빨 사이에 남은 고기 조각을 제거해 준답니다.

치아 중 우리 눈에 보이는 부분을 '치아머리'라고 해요. 나머지 부분은 잇몸 아래에 숨어 있답니다.

알수록 궁금해!

아기는 말소리보다 음악에 더 잘 반응한답니다. 과학자들이 완전히 밝혀내지는 못했지만, 어쩌면 사람은 춤을 추고 싶은 본능을 가지고 태어나는지도 몰라요.

음악을 들으면 왜 춤을 추고 싶어질까?

음악은 우리 뇌와 감정에 커다란 영향을 미쳐요. 빠르고 강한 리듬의 곡을 들으면 우리 뇌에서 몸을 움직이게 하는 부분이 활발해지지요. 그래서 발가락을 까딱거리거나 엉덩이를 흔들고 싶어지는 거예요. 그런데 그거 아세요? 음악에 맞춰 춤을 추면 뇌에서 행복감을 느끼게 하는 물질이 나온답니다!

사람은 수천 년 전부터 음악을 만들어 왔어요. 이 그림의 피리는 새의 날개 뼈로 만들었답니다. 8,000년이나 되었지만 지금도 연주할 수 있어요.

배에서 왜 꾸르륵 소리가 날까?

우리 배 안에는 길고 구불구불한 튜브처럼 생긴 창자가 있어요. 창자는 비타민과 같이 우리 몸에 필요한 영양소를 음식에서 골라내어 우리가 사용할 수 있도록 해 주어요. 그리고 남은 음식을 계속해서 쥐어짜고, 또 쥐어짜요. 그래서 배에서는 늘 꾸르륵꾸르륵하는 소리가 나는 것이지요. 배가 고프면 이 소리는 더욱 커져요. 그건 창자가 다음 식사를 위해 배 안에 남아 있는 음식을 깨끗이 치우고 준비하는 소리랍니다.

놀라운 사실

우리가 음식을 먹고 마실 때에는 공기도 함께 삼키게 되어요. 우리가 먹는 음식과 음료에도 대부분 공기가 포함되어 있지요. 공기가 쌓이고 쌓여 거품을 일으키면 트림이 되어 몸 밖으로 나오는 것이랍니다.

꺼억~!

알수록 궁금해!

딸꾹질은 대부분 몇 분 안에 멈춰요. 가끔 오래도록 딸꾹질이 멈추지 않으면 몇 초간 숨을 참는 사람도 있답니다. 과학자들도 그 이유를 정확히 알지 못하지만, 이 방법이 딸꾹질을 멈추는 데 효과가 있대요.

딸꾹질은 왜 하는 걸까?

음식을 너무 빨리 먹거나 마시다 보면 딸꾹질을 하기도 해요. 엄청나게 흥분하거나 웃음보가 터졌을 때도 딸꾹질을 하지요. 딸꾹질을 하는 이유는 우리 가슴 아래쪽에 있는 '횡격막'이라는 둥그런 모양의 근육이 움직이기 때문이에요. 횡격막은 우리가 숨을 들이쉬고 내쉬도록 도와주어요. 평소에는 아무 문제없이 잘 움직이지만, 자극을 받으면 경련을 일으켜 숨을 빨리 들이쉬게 만들어요. 그때 공기가 몸 안으로 급하게 들어오면서 딸꾹질이 나는 것이랍니다.

딸꾹!

'딸꾹질'이라는 말은 딸꾹질할 때 실제로 나는 소리와 정말 비슷해요. 다른 나라에서는 딸꾹질을 어떻게 부를까요?
히컵 (영어)
호케 (프랑스어)
히케 (노르웨이어)
하주크 (아랍어)
힉스티 (아이슬란드어)
히카키 (펀자브어)

어떤 사람은 왜 곱슬머리일까?

식물처럼 머리카락에도 뿌리가 있어요. 피부 바로 밑에 숨어 있기 때문에 눈에 보이지 않을 뿐이랍니다. 이 뿌리는 '모낭'이라는 작은 자루 안에 들어 있어요. 머리카락이 모낭에서부터 자라 피부를 뚫고 나오면 우리 눈에 보이는 것이에요. 모낭의 모양은 사람마다 다를 수 있어요. 곧은 생머리, 꼬불꼬불한 머리, 구불구불한 머리는 모두 모낭의 모양에 따라 달라진답니다.

놀라운 사실

머리카락은 통증을 느낄 수 없답니다. 사실 그 어떤 감각도 느끼지 못해요. 머리카락에는 촉각을 느끼게 해 주는 신경 세포가 없기 때문이지요.

모낭 속은 마치 빨대처럼 비어 있어요. 모낭을 위에서 내려다보면 그 모양을 알 수 있지요. 모낭의 모양에 따라 사람의 머리카락은 곱슬머리가 되기도 하고, 생머리가 되기도 하고, 물결 모양으로 자라기도 한답니다.

타원 모양의 모낭에서는 꼬불꼬불한 곱슬머리가 자라요.

동그란 모양의 모낭에서는 곧은 생머리가 자라요.

한쪽이 찌그러진 모양의 모낭에서는 넘실거리는 물결 모양의 머리가 자라요.

놀라운 사실

우리의 손톱과 발톱, 그리고 머리카락은 '케라틴'으로 만들어져 있답니다. 공룡 발톱도 케라틴으로 만들어진 것이고요!

손톱과 발톱은 왜 있는 걸까?

손톱과 발톱은 우리가 무언가를 만지거나 밟을 때 손끝이나 발끝이 눌리지 않도록 막아 주어요. 또한 감각이 무척 예민한 손가락과, 다소 무딘 발가락이 다치지 않게 지켜 주기도 한답니다. 손톱은 여러 가지 도구로 유용하게 쓰이기도 해요. 예를 들면 스티커를 떼거나, 옷의 보풀을 떼거나, 가려운 곳을 긁을 때도 많은 도움이 되지요.

1년 동안 손톱을 깎지 않는다면 클립 길이만큼 자랄 거예요.

우아! 이게 뭐지?

우리 몸에는 신기하고 재미있는 부분들이 참 많아요! 무엇인지 사진 속 각 부분의 이름을 맞혀 볼까요?

정답은 139페이지에 있어요.

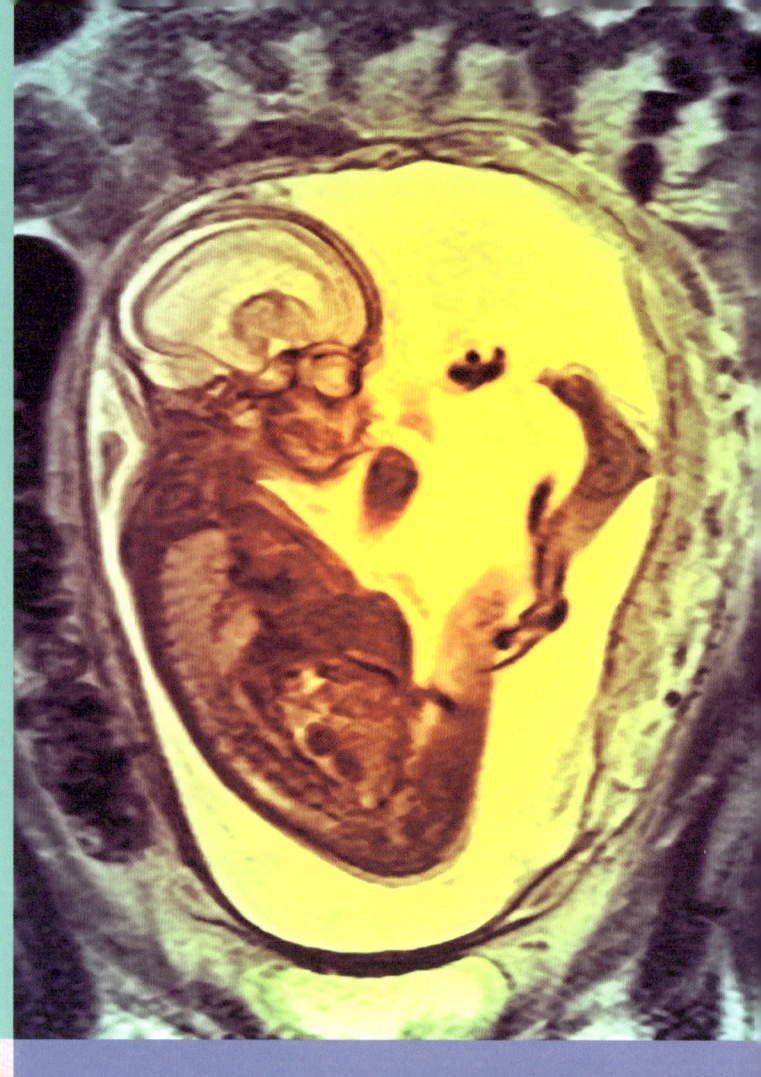

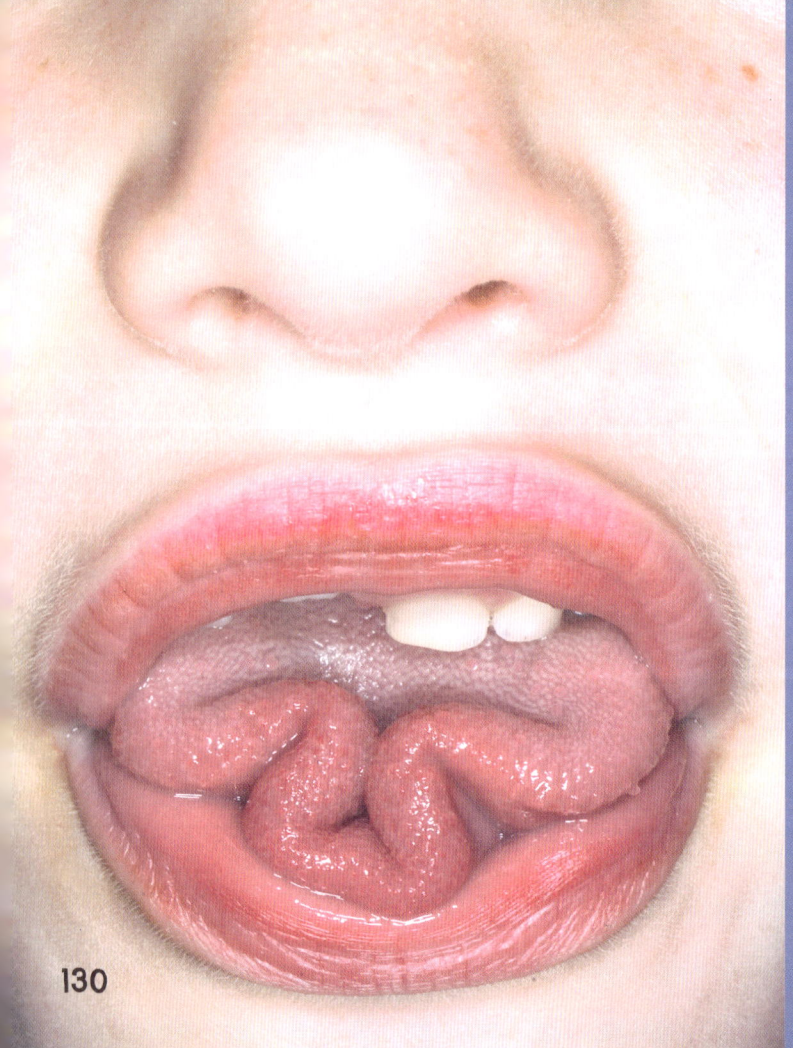

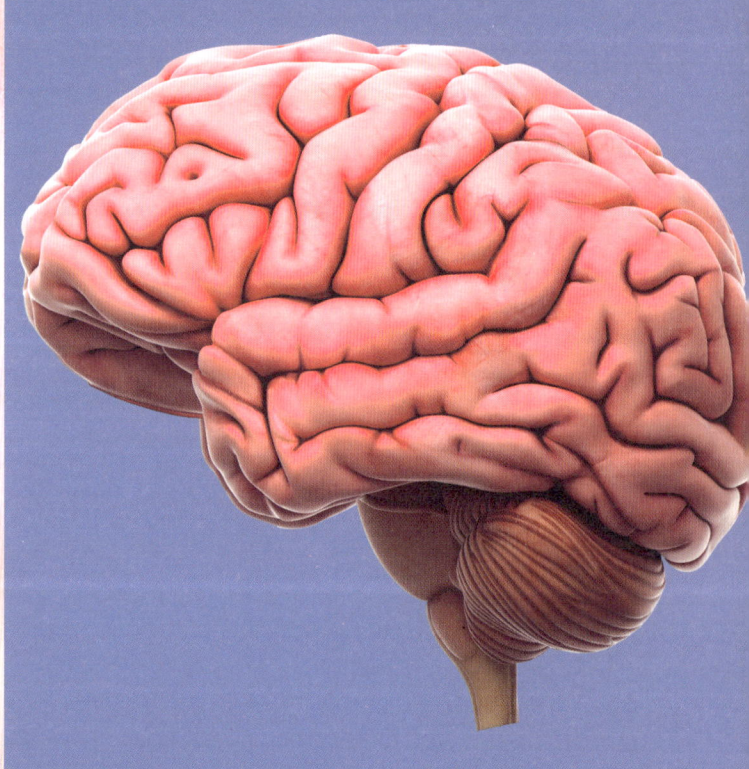

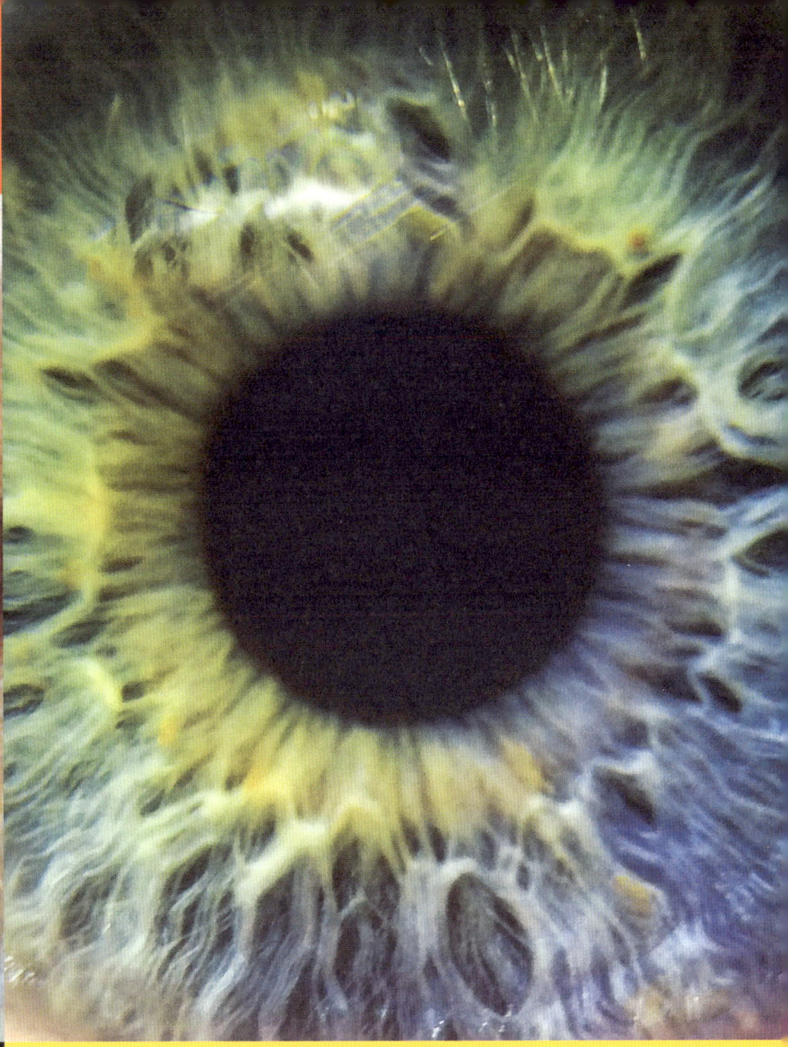

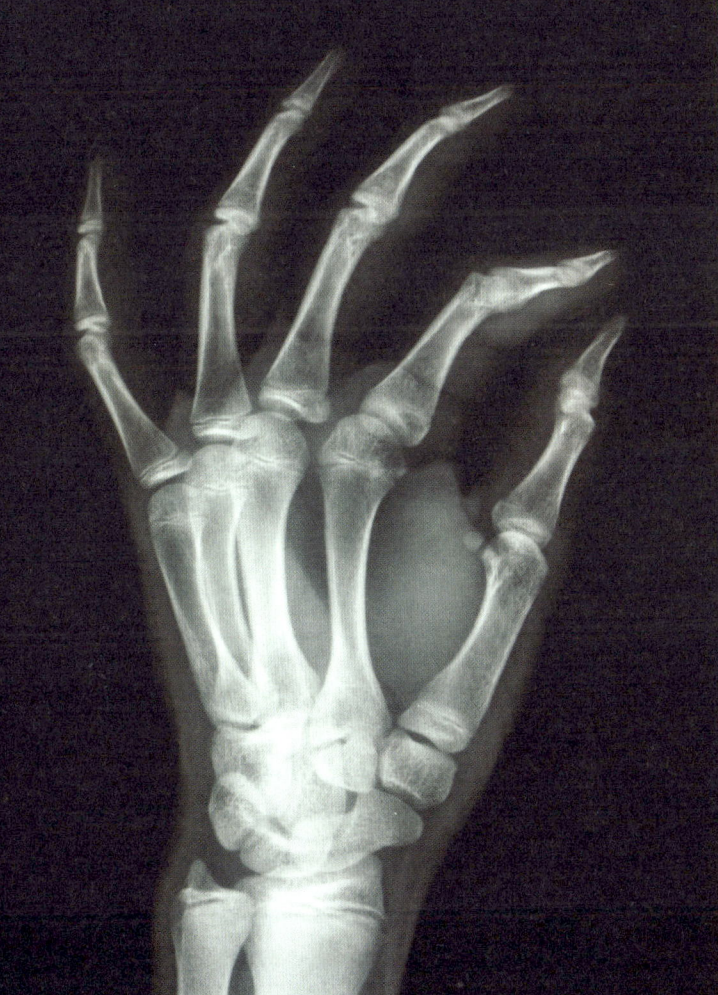

구불구불하게 만 혀

기다란 손톱

엄마 배 속에 있는 아기의 모습

사람의 뇌 모형

사람의 손 엑스레이 사진

사람의 눈동자

낱말 풀이

갈고리 끝이 뾰족하고 휘어져 물건을 끌어당길 때 쓰는 도구.
감정 어떤 일에 대하여 생기는 마음이나 느끼는 기분.
감지 무언가를 느끼고 알게 되는 것.
감촉 피부를 통해 전해지는 느낌.
격해지다 기운이나 감정이 갑자기 거칠고 거세지다.
견과류 도토리, 밤 등과 같이 단단한 껍데기에 싸여 있는 나무 열매.
견종 개의 종류.
경련 근육이 갑자기 오그라들거나 떨리는 것.
경비 도둑이 들거나 불이 나는 등의 사고가 일어나지 않도록 살피고 지키는 일.
경쟁자 같은 목적을 가지고 서로 이기려고 겨루는 상대.
경호 위험한 일이 일어나지 않도록 조심하고 보호하는 일.
골판지 두껍고 단단한 종이 사이에 물결 모양으로 종이를 붙인 것. 주로 상자를 만들 때 많이 씀.
교정 비뚤어지거나 잘못된 것을 바로잡는 것.
내장 위, 간, 콩팥 등 사람이나 동물의 가슴과 배안에 있는 여러 가지 기관.
농작물 논밭에 심어서 기르는 곡식이나 채소.
돌기 볼록 튀어나오거나 도드라진 부분.
따개비 바닷가에 있는 바위, 배 등에 들러붙어 지내는 동물로, 딱딱한 껍데기로 덮여 있음.
딱지날개 딱정벌레류의 등딱지에 있는 단단한 날개.
리듬 음의 높낮이나 빠르기 등이 반복될 때 생기는 규칙적인 소리의 흐름.
마비 근육이나 신경의 감각이 없어지거나 힘을 잘 쓰지 못하게 되는 것.
명확하다 의심하지 않을 만큼 뚜렷하고 확실하다.
무디다 느끼거나 깨닫는 것이 둔하고 부족하다.
묵직하다 보기보다 제법 무겁다.
민감 소리, 냄새 등의 자극을 빠르게 알아차림.
박테리아 지구 상의 모든 생물 중에 가장 작은 생명체로, '세균'이라고도 함.
밤눈 어두운 밤에 볼 수 있는 능력.
방광 오줌을 모아 두었다가 내보내는 주머니 모양의 기관.
방어 상대편의 공격을 막는 것.

번데기 애벌레가 어른벌레로 변하기 위해 단단한 껍데기에 들어가 있는 것.
번지점프 안전하게 연결된 긴 고무줄을 몸에 묶고, 아주 높은 곳에서 뛰어내리는 스포츠.
보금자리 새나 동물이 지내는 아늑하고 편안한 곳.
보육 아이들을 돌보고 기르는 것.
보풀 종이나 천 등의 겉 부분에 일어나는 잔털.
본능 태어나면서부터 자연스럽게 가지게 되는 마음이나 하게 되는 행동.
비상구 갑자기 사고가 일어나면 급히 피할 수 있도록 만들어 놓은 출입구.
사포 까끌까끌한 종이로, 물건의 표면에 문지르면 매끈하게 만들어 줌.
산소 맛이나 냄새, 색이 없는 물질로, 사람과 동식물이 살아가는 데 꼭 필요한 기체.
색소 물체가 색깔을 띠도록 만들어 주는 성분.
설치류 쥐, 햄스터 등과 같이 앞니가 평생 동안 자라는 동물들.
세포 사람, 동물, 식물 등 모든 생명체를 이루는 가장 기본 단위.
소통 말이나 뜻이 서로 잘 통함.
소화액 먹은 음식물을 소화시키기 위해 몸속 기관에서 나오는 액체.
수분 축축한 물기.
수확 익은 농작물을 거두어들이는 것.
시력 사물의 모습을 잘 볼 수 있는 눈의 능력.
신경 세포 우리 몸의 각 부위에서 여러 가지 자극을 받아들여 다른 곳으로 전달하는 세포.
아마존강 남아메리카 북쪽 지역에 있는, 세계에서 두 번째로 긴 강.
액체 물, 우유 등과 같이 담는 그릇에 따라 모양이 변하는 것.
양봉업자 꿀을 얻기 위하여 벌을 기르는 일을 전문으로 하는 사람.
언어 말과 글처럼 생각이나 느낌을 전하는 수단.
엑스레이 눈으로 볼 수 없는 물체의 안쪽이나 몸속의 뼈 등을 찍는 특수한 사진.
열대 우림 1년 내내 덥고 비가 많이 내리는 지역의 우거진 숲.

영구치 유치가 빠진 뒤에 나서 평생 동안 사용하는 이.
예민하다 무언가를 느끼고 판단하는 능력이 빠르고 뛰어나다.
올가미 짚이나 철사를 고리 모양으로 꼬아 만든, 사냥감을 잡는 도구.
요청 어떤 일이나 행동을 남에게 부탁함.
위장 본래의 모습이 드러나지 않도록 꾸미는 것.
위협 말이나 행동으로 남에게 겁을 주는 것.
유분 어떤 것에 묻거나 섞여 있는 기름기.
유연하다 부드럽고 연하다.
유용 쓸모가 있음.
유치 태어난 지 6개월부터 나기 시작하여 유아기가 지나면서 빠지는 이.
윤기 반질반질하고 매끄러운 기운.
전사 전쟁터에서 싸우는 병사.
전염 병이 남에게 옮아가는 것.
점액 끈적끈적한 액체.
젤리빈 알록달록하고 조그마한 콩 모양의 젤리.
좌우 왼쪽과 오른쪽.
지방층 피부 아래에 있는, 몸을 보호하고 에너지를 저장해 두는 지방으로 된 층.
진동 물체 등이 빠르게 흔들려 움직이는 것.
집단 여럿이 모여 이루어진 무리.
창자 음식물을 소화하여 영양소를 흡수시키고, 나머지는 똥으로 내보내는 기관.
청각 소리를 느끼는 감각.
초원 풀이 나 있는 들판.
촉각 무언가가 피부에 닿아서 느껴지는 감각.
추측 어떤 사실을 통해 다른 것을 미루어 생각함.
케라틴 사람이나 동물의 머리카락, 손톱, 발톱, 뿔, 부리 등을 이루고 있는 단백질.
타원 달걀처럼 길쭉하고 둥근 모양의 도형.
탐색 드러나지 않은 것을 밝혀내려고 찾는 것.
통증 아픔을 느낌.
패턴 규칙적으로 되풀이되는 일정한 모양.

폐 숨을 쉬게 해 주는 가슴안 양쪽의 가장 큰 기관으로, '허파'라고도 함.
포유류 젖을 먹여 새끼를 키우는 동물로, 사람, 개, 호랑이 등이 모두 포유류에 속함.
푸에르토리코 북대서양과 카리브해 사이의 섬으로, 산이 많고 주로 사탕수수를 재배함.
해조류 다시마, 미역 등과 같이 바다에서 자라는 식물.
허물 파충류나 곤충이 몸집이 커지면서 벗는 껍질.
헤집다 이리저리 뒤적이거나 파서 흩어 놓다.
화학 물질 자연 상태에서 생겨나거나 사람이 만들어 낸 것으로, 지구 상의 모든 것을 구성하는 물질.
후각 냄새를 맡는 감각.
후두 목소리를 내는 기관으로, 숨을 쉬는 데에도 중요한 역할을 함.

찾아보기

감각 126, 129
감정 61, 110, 113, 121
감촉 77, 78
갑옷 25, 33, 74
개 38-39, 42-43, 50-51, 54-55, 103, 106, 113
개구리 70-71
개미 6-7, 25
거미 9, 35
거미줄 9, 82
거북이 46-47
겨울잠 25
견과 63, 90
경고 17, 70, 85
경련 125
고릴라 84-85
고양이 36, 40-41, 42-43, 54, 56-57, 58-59, 67, 106
골판 75
공기 41, 49, 53, 71, 86, 102, 122, 125
구더기 10
군체 6
귀 31, 44-45, 61
그레이트데인 50-51
그리마 13
근육 41, 103, 125
기니피그 54, 62, 67
기린 68, 94-95
기지개 102
깃털 88-89, 96-97
꾸르륵 소리 122-123
꿀 14-15
꿈 112-113
나무 42, 63, 90-91, 94
나방 110
나비 18-19, 35
낙타 114
날개 19, 88, 97, 121
냄새 10, 16, 26, 28, 32-33, 38-39, 54, 58, 77, 78-79, 86, 91, 105, 113
노린재 32-33, 35
뇌 105, 110, 113, 121, 131
눈 11, 57, 77, 93, 109, 110, 114
눈꺼풀 115
눈동자 108, 131
눈물 110-111
다람쥐 90-91
다리 9, 10, 12-13, 16, 23, 31, 42, 46, 57, 77, 78, 81, 94, 113
달팽이 24-25
독 9, 13, 17
돌기 9, 58, 74, 78, 105
두더지 21
둥지 82-83
등껍데기 24-25
등딱지 46-47
따개비 97
딱지날개 16
딸꾹질 124-125
땀 26, 45, 114
똥 10, 20, 80
롭이어 토끼 45
리듬 121
마비 9
말 65
말발굽 64-65
머리카락 126-127, 128
멜라닌 117
며느리발톱 43
모기 26-27
모낭 126-127
모래쥐 62-63
목 93, 94-95
몸 색깔 30, 77
무당벌레 16-17
문어 76-77, 99
물고기 52-53, 73
물떼새 118
미뢰 104-105
민달팽이 4, 22-23
바위뛰기펭귄 97
박테리아 26
반딧불이 28-29
발톱 42-43, 128-129
밤눈 93
방광 47
방적 돌기 9
배주머니 80-81
뱀 86-87
번데기 18-19
벌 14-15
벌새 82
보금자리 25
볼주머니 49
부엉이 93
불개미 6
불소 72
붉은 삼각 민달팽이 22

빨대 10, 26, 127
빨판 76-77
뿌리 126
사냥 42, 58, 93
사마귀 30-31
사막 48, 114
산소 53
상어 72-73, 118
생쥐 60-61, 62
설치류 62
세균 118
세포 39, 77, 126
소통 54, 61
소화액 10
속날개 16
속눈썹 57, 114-115
손톱 65, 128-129, 131
수리부엉이 83
수염 56-57
시력 60, 109
신경 77, 86, 126
신호 29, 32, 105, 110
아가미 53
아기 106, 110, 120, 130
아마존강 110
아프리카코끼리 78-79
악어 74-75, 118
안경 108-109
알 6, 10, 17, 18, 26, 82
애벌레 18-19, 35, 89
액체 14, 19, 33
야행성 49
양봉업자 15
엉덩이 29, 38, 121
여왕개미 6-7
영구치 106
영양분 10, 20, 26
울음주머니 71
위장 30
유사 비행 9
유치 106
음악 100, 120-121
이 72, 106, 118-119
이빨 26, 63, 72-73, 106, 118
잇몸 106, 119
잠수 79, 97
장제사 65
점액 22-23, 25
젤리빈 81
쥐 56-57, 60-61

지네 12-13
지느러미 97
지렁이 20-21
진동 20
짝 28-29, 86
창자 122
청각 60
청개구리 70-71
촉각 126
춤 100, 120-121
치석 118
치아 119
치와와 50
침 105
카로틴 89
캥거루 80-81
케라틴 128
코 38-39, 57, 78-79, 86
코끼리 78-79
코키 개구리 70
턱 71, 73
털 21, 45, 51, 58, 81
토끼 44-45, 67
통증 126
투탕카멘 14
트림 122
파리 10-11
펭귄 96-97
편자 65
폐 102
폐어 52
포유류 56
표정 61
플라밍고 88-89
피 16, 26-27
피부 18, 26, 58, 74, 116-117, 126
하품 102-103
해조류 89
햄스터 48-49, 62
허물 18
헝가리안풀리 51
혀 58, 86-87, 89, 104-105, 131
화학 물질 89
황소상어 73
회색앵무 54
횡격막 41, 125
후각 38, 60, 79, 86
히포샌들 65
흰머리수리 83

이미지 출처

사진과 그림을 사용할 수 있도록 허락해 주신 모든 분들께 감사의 말씀을 전합니다. 최대한 이미지의 출처를 밝히고자 하였지만 혹여 있을지 모를 오류나 누락에 대해 양해를 부탁드리며, 다음번 인쇄 시 수정하도록 하겠습니다.

l = left; r = right; t = top; b = bottom; c = centre; u = upper

앞표지: **ult** Juniors Bildarchiv GmbH/Alamy; **ulc** Butterfly Hunter/Shutterstock; **ulb** Martin Harvey/Getty Images; **rct** Picsguru/iStock.com; **rcb** Biitli/iStock.com; **rb** StefaNikolic/Getty Images

책등: Juniors Bildarchiv GmbH/Alamy

뒷표지: GlobalP/iStock.com

차례: pp. 2–3 t–b Michael Nichols; Alena Ozerova/Shutterstock; Martin Harvey/Getty Images; StefaNikolic/Getty Images

작은 동물과 벌레들: p. 5 Michael Nichols; p. 6 The Jungle Explorer/Shutterstock; p. 9 Stephen Dalton/Nature Picture Library; p. 11 toos/iStock.com; p. 12 Sing5pan/Shutterstock; pp. 12–13 Anan Kaewkhammul/Shutterstock; p. 13 Scruggelgreen/Dreamstime.com; p. 15 rupbilder/AdobeStock.com; pp. 16–17 Albert Visage/FLPA/Minden Pictures; p. 17 r Janny2/iStock.com; p. 17 tc blickwinkel/Alamy; p. 17 bc Genevieve Vallee/Alamy; p. 17 tl FloWBo/iStock.com; p. 17 bl GlobalP/iStock.com; p. 19 b Butterfly Hunter/Shutterstock; p. 23 Oliver Eitge/Getty Images; p. 26 l MarcusVDT/Shutterstock; p. 26 r nechaevkon/Shutterstock; pp. 28–29 Diliana Nikolova/Alamy; p. 30 Thomas Marent/Minden Pictures; p. 31 GlobalP/iStock.com; p. 33 Michael J. Raupp; p. 34 tr FC_Italy/Alamy; p. 34 br Artzone Creatives/Shutterstock; p. 34 bl Jason Ondreicka/iStock.com; p. 35 tr Robert Pickett/Corbis/Getty Images; p. 35 tl BIOSPHOTO/Alamy; p. 35 br Jurgen Otto

반려동물: p. 37 Alena Ozerova/Shutterstock; p. 38 Mark Taylor/NPL/Minden Pictures; p. 40 Oleksandr Boiko/Dreamstime.com; p. 41 Rembolle/Shutterstock; p. 42 Ekaterina Zakharova/iStock.com; p. 43 Joe Blossom/Alamy; p. 45 Picsguru/iStock.com; p. 49 INSADCO Photography/Alamy; p. 50 bl Ivantsov/iStock.com; pp. 50–51 Eric Isselee/Shutterstock; p. 51 br Juniors Bildarchiv GmbH/Alamy; p. 52 Piotr Naskrecki/Minden Pictures; p. 54 bl Ivonne Wierink/Dreamstime.com; p. 54 tr Juniors Bildarchiv GmbH/Alamy; p. 55 LivingThroughTheLens/iStock.com; p. 56 Sonsedska/iStock.com; p. 58 Seregraff/iStock.com; p. 60 Liufuyu/iStock.com; p. 63 Txpeter/iStock.com; p. 64 Kostic Dusan/123RF.com; p. 66 tr Eric Isselee/Shutterstock; p. 66 br Domiciano Pablo Romero Franco/Dreamstime.com; p. 66 bl Farlap/Alamy; p. 67 tr Isselee/Dreamstime.com; p. 67 tl Martin Harvey/Getty Images; p. 67 br Isselee/Dreamstime.com

야생 동물: pp. 68–69 Martin Harvey/Getty Images; p. 70 l IrinaK/Shutterstock; p. 70 r Nataliia K/Shutterstock; pp. 72–73 Reinhar Dirscherl/Alamy; p. 73 REUTERS/Alamy; pp. 74–75 image BROKER/Alamy; p. 75 FVE MEDIA/Alamy; p. 79 Richard Du Toit/Minden Pictures; p. 80 Westend61/Getty Images; p. 82 Sumio Harada/Minden Pictures; p. 86 Heidi and Hans-Juergen Koch/Minden Pictures; p. 87 Michael D. Kern/Nature Picture Library; pp. 92–93 GlobalP/iStock.com; pp. 94–95 Ingo Arndt/Nature Picture Library; p. 98 tr DEA/C. DANI I. JESKE/Getty Images; p. 98 br Michael Aw p. 98 bl Joel Sartore; p. 99 tr Velvetfish/iStock.com; p. 99 tl Suzi Eszterhas/Minden Pictures; p. 99 br Santonius Silaban/Alamy

우리 몸: p. 101 StefaNikolic/Getty Images; p. 102 Dorling Kindersley Ltd/Alamy; p. 104 t Svitlana Bezuhlova/Dreamstime.com; p. 104 b Aniko Hobel/Getty Images; p. 107 Jack Sullivan/Alamy; pp. 108–109 sam74100/iStock.com; p. 110 kali9/iStock.com; p. 111 malija/AdobeStock.com; pp. 114–115 Cavan Images/Getty Images; pp. 116–117 Karel Noppe/Dreamstime.com; pp. 118–119 Wanuttapong suwannasilp/Alamy; p. 123 Heather Chang/Shutterstock/Offset.com; pp. 124–125 PeopleImages/iStock.com; p. 126 MStudioImages/iStock.com; p. 127 l cathyhawkins/Getty Images; p. 127 r Mayur Kakade/Getty Images; p. 128 t Paulina Zarakowska/EyeEm/Getty Images; p. 128 b Paulina Zarakowska/EyeEm/Getty Images p. 129 SergeyChayko/iStock.com; p. 130 tr Du Cane Medical Imaging/Science Photo Library; p. 130 br Sebastian Kaulitzki/123RF.com; p. 130 bl Scott Camazine/Alamy; p. 131 tr Mark_Kuiken/iStock.com; p. 131 tl Dinodia Photos/Alamy; p. 131 br Puwadol Jaturawutthichai/123RF.com

참고 자료

이 책을 출간하기 위한 모든 연구 과정은 여러 단계를 거쳐서 이루어졌습니다. 작가들은 신뢰할 만한 다양한 자료를 활용하였으며, 오류 점검팀이 추가로 정보를 확인했습니다. 또한 전문 편집자들이 각 장마다 정확성을 검토했습니다. 그 결과 이 책에는 모두 담을 수 없을 만큼 많은 참고 자료들이 사용되었습니다. 작가들이 각 장에서 활용한 자료의 출처들 중 일부를 추려 정리하였습니다.

주요 자료

bbc.com, bbc.co.uk; britannica.com; history.com; howstuffworks.com; livescience.com; nasa.gov; natgeokids.com; nationalgeographic.com; nature.com; newscientist.com; npr.org; sandiegozoo.org; scientificamerican.com; sciencedaily.com; sciencing.com; scijinks.gov; smithsonianmag.com; space.com; wonderopolis.org; woodlandtrust.org.uk

작은 동물과 벌레들: pp.6–7 '10 Cool Facts About Ants!', natgeokids.com; 'Ant Architects: How Do Ants Construct Their Nests?', howitworksdaily.com; **pp.8–9** 'Ask Smithsonian: How Do Spiders Make Their Webs?', smithsonianmag.com; 'What Are Spider Webs Made Of? And How Do They Spin Them?', nhm.ac.uk; **pp.10–11** 'International Year of the Fly: Why Flies Are Important', bbc.co.uk; 'The Disgusting Reason You Should Never Eat Something a Fly Landed on', womansday.com; **pp.12–13** 'How Many Legs Does a Millipede Really Have?', animals.howstuffworks.com; 'Centipede Facts for Kids', sciencing.com; **pp.14–15** 'Where Do Honeybees Go in the Winter?', britannica.com; 'What Do Bees Do in Winter?', wonderopolis.org; '10 Facts About Honey Bees!', natgeokids.com; **pp.16–17** '7-Spot Ladybird', woodlandtrust.org.uk; '10 Big Surprises About Ladybugs', rangerrick.org; 'Ladybird Facts!', natgeokids.com; **pp.18–19** 'Plastic-Eating Caterpillar Could Munch Waste, Scientists Say', bbc.com; 'The Butterfly Life Cycle!', natgeokids.com; 'British Caterpillars: How to Identify 10 Common Species', woodlandtrust.org.uk; **pp.20–21** 'Where Do Worms Go When the Ground Is Very Dry?', highlightskids.com; 'Earthworm', rspb.org.uk; **pp.22–23** 'Slime-Fighting Slug Can Superglue Enemy Frogs to Trees for Days', newscientist.com; 'Why Do Snails Leave Slime Trails?', wonderopolis.org; 'Ask a Scientist: Why Are Slugs So Slimy?', carnegiemnh.org; **pp.24–25** 'How Do Snails Get Their Shells?', animals.howstuffworks.com; 'Snails', ecospark.ca; **pp.26–27** 'Mosquitoes: 20 Fun Facts About the Pesky Insects', cleveland.com; 'Useful Facts About Mosquitoes', orkin.com; 'Why Do Mosquitoes Bite Me and Not My Friend?', loc.gov; **pp.28–29** '14 Fun Facts About Fireflies', smithsonianmag.com; '11 Cool Things You Never Knew About Fireflies', blogs.scientificamerican.com; 'Fireflies', nationalgeographic.com; **pp.30–31** '11 Wondrous Facts About Praying Mantises', treehugger.com; 'The Bloodthirsty Truth of the Beautiful Orchid Mantis', discovermagazine.com; 'Praying Mantis', nationalgeographic.com; **pp.32–33** 'When Twenty-Six Thousand Stinkbugs Invade Your Home', newyorker.com; 'Why Do Stink Bugs Stink?', news.ncsu.edu

반려동물: pp.38–39 'Why Do Dogs Sniff Each Other's Butts?', animals.howstuffworks.com; 'Why Dogs Sniff Each Other's Rear Ends', thesprucepets.com; 'Why Dogs Sniff Rear Ends', vcahospitals.com; **pp.40–41** 'Why Do Cats Purr?', scientificamerican.com; '10 Fascinating Facts About Cats', purina.com; 'Why Do Cats Purr?', wonderopolis.org; **pp.42–43** 'Clash of the Claws: Cats vs Dogs', howitworksdaily.com; '5 Reasons Cats Need Their Claws', parade.com; 'Claws vs Nails: What Do Dogs Have?', doghealth.com; **pp.44–45** '10 Hopping Fun Rabbit Facts!', natgeokids.com; 'Facts About Rabbits', bluecross.org.uk; 'Why Do Rabbits Have Such Long Ears?', discoverwildlife.com; **pp.46–47** 'What's the Difference Between a Turtle and a Tortoise?', britannica.com; 'Galápagos Tortoise', animals.sandiegozoo.org; 'Tortoise Adaptations: Lesson for Kids', study.com; **pp.48–49** 'Your Hamster May Have Surprising Origins', nationalgeographic.com; 'Golden Hamster', britannica.com; **pp.50–51** 'The Incredible Explosion of Dog Breeds', livescience.com; 'Why Are There More Different Types of Dogs Than There Are Cats?', wonderopolis.org; **pp.52–53** 'How Fish Breathe', dkfindout.com; 'Our Favorite Facts About Animal Lungs', lung.org; 'How Do Fish Breathe Underwater?', wonderopolis.org; **pp.54–55** 'Can Any Animals Talk and Use Language Like Humans?', bbc.co.uk; 'How Many Words Do Dogs Understand?', animals.howstuffworks.com; **pp.56–57** 'How Do Whiskers Work?', discoverwildlife.com; 'Dr. Universe: Why Do Animals Have Whiskers?', askdruniverse.wsu.edu; **pp.58–59** 'How Cat Tongues Work – and Can Inspire Human Tech', nationalgeographic.co.uk; 'How Do Cats Stay So Clean? Video Reveals Secrets of the Feline Tongue', sciencemag.org; 'Freaked Out By Your Cat's Scratchy Tongue? Don't Be! It's Keeping Them Cleaner', npr.org; **pp.60–61** 'Squeaky Mice Reveal Emotion, Self-Expression in the Brain', scientificamerican.com; 'The Facial Expressions of Mice', sciencedaily.com; **pp.62–63** 'What Can I Give My Gerbils to Chew On?', gerbilwelfare.com; 'Gerbils', rspca.org.uk; **pp.64–65** 'To Shoe or Not to Shoe?', practicalhorsemanmag.com; 'H&H Question of the Week: To Shoe, or Not to Shoe – Should My Horse Go Barefoot?', horseandhound.co.uk; 'Horseshoe', britannica.com

야생 동물: pp.70–71 'How Frogs Communicate', dkfindout.com; 'Loudest Frog in the World', bbc.co.uk; 'Frogs Use Their Lungs Like Noise-Canceling Headphones to Find Mates', sciencefocus.com; **pp.72–73** 'Sharks Never Run Out of Teeth', scientificamerican.com; 'How Many Teeth Do Sharks Have?', wonderopolis.org; 'How Sharks Work', animals.howstuffworks.com; **pp.74–75** 'Mystery Bumps', smithsonianmag.com; 'Crocodile Faces Are More Sensitive Than Human Fingertips', nationalgeographic.com; **pp.76–77** 'Octopus Facts', natgeokids.com; 'Ten Curious Facts About Octopuses', smithsonianmag.com; **pp.78–79** 'African Elephant', natgeokids.com; '10 Unforgettable Elephant Facts!', natgeokids.com; 'Top 10 Facts About Elephants', wwf.org.uk; **pp.80–81** 'Kangaroo Facts', livescience.com; 'How Long Do Joeys Stay in the Pouch?', discoverwildlife.com; 'What's the Inside of a Kangaroo's

Pouch Like?', sciencefocus.com; **pp. 82–83** 'How Birds Build Nests', rspb.org.uk; 'Birds' Nests', dkfindout.com; **pp. 84–85** '5 Things Friday: Your Questions Answered', gorillafund.org; 'Why Do Male Gorillas Beat Their Chests? New Study Offers Intriguing Evidence', nationalgeographic.com; **pp. 86–87** 'Why Does a Snake Flick Its Tongue?', livescience.com; 'Human Tongues Can Apparently Smell Things', livescience.com; **pp. 88–89** 'Why Are Flamingos Pink?', newscientist.com; 'Why Are Flamingos Pink?', bbc.co.uk; 'Why Are Flamingos Pink?', sciencefocus.com; **pp. 90–91** 'Squirrel', britannica.com; 'How Do Squirrels Remember Where They Buried Their Nuts?', livescience.com; 'Caching for Where and What: Evidence for a Mnemonic Strategy in a Scatter-Hoarder', royalsocietypublishing.org; **pp. 92–93** 'Bird's Eye View', nationalgeographic.org; 'Great Horned Owl', allaboutbirds.org; 'How Come Owls See at Night?', scienceline.ucsb.edu; **pp. 94–95** 'Why Do Giraffes Have Such Long Necks?', sciencefocus.com; 'Why Do Giraffes Have Long Necks?', wonderopolis.org; 'Giraffes Could Have Evolved Long Necks to Keep Cool', nature.com; **pp. 96–97** 'Why Did Penguins Stop Flying? The Answer Is Evolutionary', nationalgeographic.com; 'The Big Question: Why Can't Penguins Fly?', bbc.co.uk; 'Why Can't Penguins Fly?', wonderopolis.org

우리 몸: pp. 102–103 'Why Is Yawning So Contagious?', psychologytoday.com; 'Here's Why Yawns Are So Contagious', livescience.com; 'Once of Science's Most Baffling Questions? Why We Yawn', bbc.com; **pp. 104–105** 'Why Do Our Mouths Water?', livescience.com; 'What's Spit?', kidshealth.org; **pp. 106–107** 'Why Don't Baby Teeth Grow Up?', wonderopolis.org; 'When Do Baby Teeth Fall Out and Adult Teeth Come In?', healthline.com; **pp. 108–109** 'Why Do Some People Need Glasses?', wonderopolis.org; 'Why Do So Many Humans Need Glasses?', psychologytoday.com; **pp. 110–111** 'Why Do We Cry? The Science of Tears', independent.co.uk; 'Why Do Babies Cry So Much?', wonderopolis.org; **pp. 112–113** Walker, Matthew. *Why We Sleep: The New Science of Sleep and Dreams*. New York: Penguin, 2018; 'Dreams', sleepfoundation.org; 'What Does It Mean When We Dream?', medicalnewstoday.com; **pp. 114–115** 'Scientists Reveal the Real Reason You Have Eyelashes', latimes.com; 'Longer Eyelashes May Be Sexier but Not Always Better', nationalgeographic.com; **pp. 116–117** Bryson, Bill. *The Body: A Guide for Occupants*. New York: Doubleday, 2019; 'The Evolution of Skin Colors', psu.edu; 'Why Are People All Different Colors?', wonderopolis.org; **pp. 118–119** 'Taking Care of Your Teeth', kidshealth.org; 'When and How Often Should You Brush Your Teeth?', mayoclinic.org; **pp. 120–121** 'Why Do We Like to Dance – and Move to the Beat?', scientificamerican.com; 'The No. 1 Reason Music Has the Power to Make Us Feel Good', psychologytoday.com; **pp. 122–123** Enders, Giulia. *Gut: The Inside Story of Our Body's Most Underrated Organ*. Vancouver: Greystone Books, 2018; 'Why Does Your Stomach Growl When You Are Hungry?', scientificamerican.com; **pp. 124–125** 'Why Do We Hiccup?', medicalnewstoday.com; 'What Causes Hiccups?', kidshealth.org; 'Hiccups', mayoclinic.org; **pp. 126–127** 'What Kids Should Know About How Hair Grows', aad.org; 'Your Hair', kidshealth.org; **pp. 128–129** 'Why Do We Have Fingernails?', livescience.com; 'Curious Kids: Why Do We Have Fingernails and Toenails?', education.abc.net.au

만든 사람들

글

샐리 사임스는 작가가 되기 전 오랫동안 어린이 책 디자이너로 일했습니다. 닉 샤랫과 공동으로 작업한 책 <Gooey, Chewy, Rumble, Plop>으로 '교육서 작가상'을, <Something Beginning with Blue>로 '사우샘프턴 함께 읽고 싶은 책 상'을 수상했습니다. 또한 <Britannica's 5-Minute Really True Stories for Bedtime>에 실린 9개의 이야기도 썼습니다. 현재 영국 서식스의 작업실에서 심술궂은 고양이와 함께 지내며 일하고 있습니다.

스테퍼니 워런 드리머는 아이들을 위한 자연 과학 도서를 쓰고 있습니다. 동물에서부터 인간의 뇌, 우주 공간에 이르기까지 다양한 분야를 탐구합니다. 가장 좋아하는 책으로는 생물의 다양성을 다룬 <Beneath the Waves>, 케첩에서 프리스비에 이르기까지 일상적인 물건의 역사를 다룬 <Behind Everyday Stuff>가 있습니다. 현재 미국 캘리포니아주 로스앤젤레스에 살고 있습니다.

도움을 준 전문가

멀리사 페트뤼젤로는 브리태니커의 식물 및 환경 과학 전문가입니다. 식물을 비롯하여 광합성을 하는 모든 생명체가 지구를 구성하고 있는 모습에 매력을 느껴 광합성 작용에 큰 관심을 가지게 되었습니다.

에릭 그레게르센은 브리태니커의 천문학 및 우주 탐사 전문가입니다. 항상 새롭고 놀라운 발견을 경험하게 해 주는 천문학을 무척 좋아합니다.

존 P. 래퍼티는 브리태니커의 지구 및 지구 체계 전문가입니다. 지구와 지구에 사는 생명체가 지속적으로 서로에게 영향을 미치고 변화시키는 것을 보며 경이로움을 느낍니다.

케라 로저는 브리태니커의 생물 의학 및 인간 건강과 질병 전문가입니다. 인간 세포의 작은 분자가 뇌와 신체에 영향을 미치는 여러 방식에 큰 흥미를 느끼고 있습니다.

그림

케이트 슬레이터는 영국 스태퍼드셔의 아름다운 농장에서 자랐습니다. 킹스턴 대학교에서 일러스트레이션을 공부한 후, 어린이 책 <A Peek at Beaks>, <A is for Ant>, <The Birthday Crown>, <The Little Red Hen>, <ABC London>, <Magpie's Treasure> 등에 그림을 그렸습니다. 그 외에도 내셔널 트러스트 활동으로 판 제도에 설치한 400마리의 새 조형물을 포함하여 여러 설치 미술 작업에 참여했습니다.

우아! 이게 뭐지? 정답

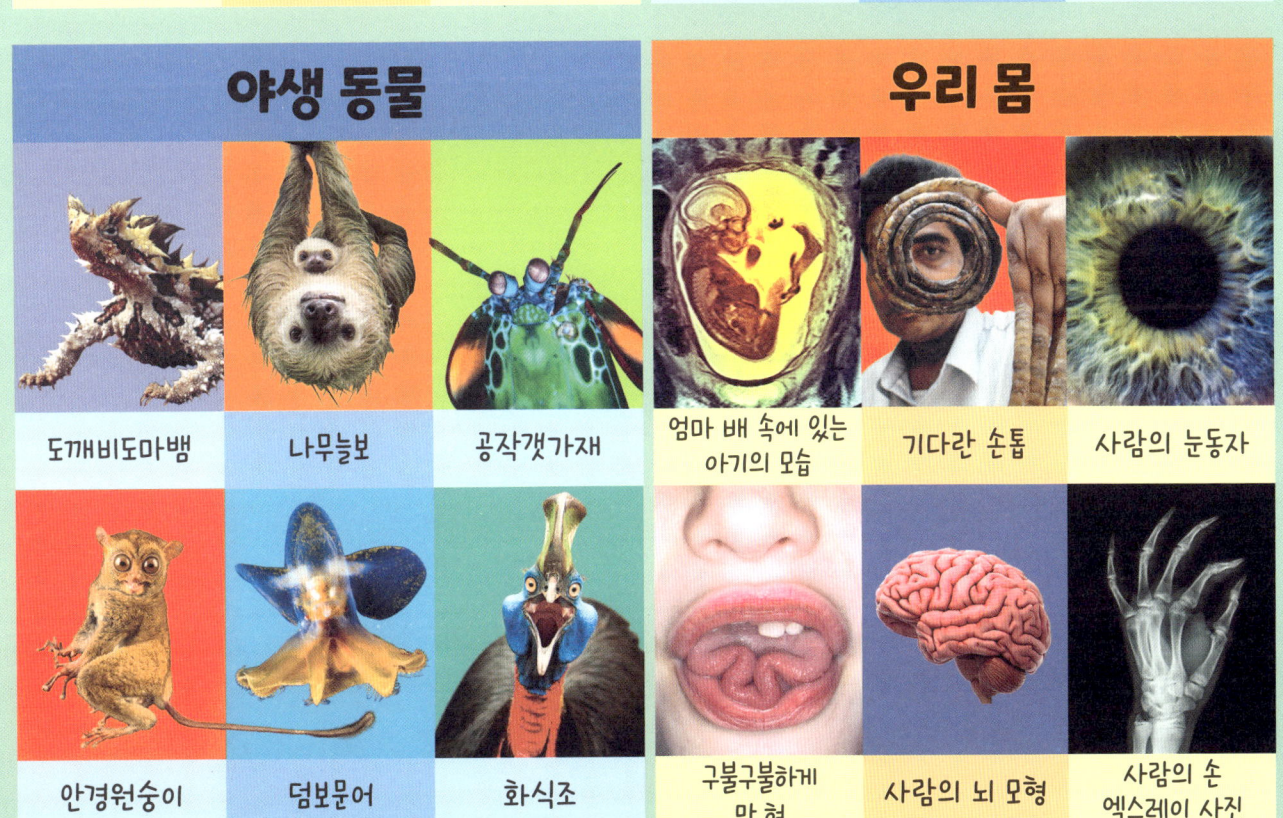

BRITANNICA BOOKS

브리태니커 호기심 백과
신비로운 동물과 인체

2025년 1월 13일 7쇄 인쇄 | 2025년 1월 20일 7쇄 펴냄
글 샐리 사임스, 스테퍼니 워런 드리머 | **그림** 케이트 슬레이터 | **옮김** 송은혜
펴낸이 안은자 | **기획·편집** 김정은, 김민정 | **디자인** 김은지
펴낸곳 (주)기탄출판 | **등록** 제2017-000114호
주소 06698 서울특별시 서초구 효령로 40 기탄출판센터
전화 (02)586-1007 | **팩스** (02)586-2337 | **홈페이지** www.gitan.co.kr

※ 잘못된 책은 구입처에서 교환해 드립니다.
⚠ 책 모서리에 다칠 수 있으니 주의하시기 바랍니다.
부주의로 인한 사고의 경우 책임을 지지 않습니다.

Britannica: FIRST BIG BOOK OF WHY
Written by Sally Symes and Stephanie Warren Drimmer
Illustrations © 2021 Kate Slater
First published 2021 by What on Earth Publishing Ltd
© 2021 What on Earth Publishing Ltd
Korean translation © 2023 Gitan Publications Co., Ltd.
All rights reserved.

This edition is published by arrangement with What on Earth Publishing Ltd
through KidsMind Agency, Korea.

이 책의 한국어판 저작권은 키즈마인드 에이전시를 통해
What on Earth Publishing Ltd와 독점 계약한 (주)기탄출판에 있습니다.
신저작권법에 의해 한국 내에서 보호를 받는 저작물이므로 무단 전재와 복제를 금합니다.